山区高速公路路侧安全保障理论与方法

陈宽民　李岩辉　谢晓如　著

科学出版社

北京

内 容 简 介

本书针对我国江西省山区高速公路路侧安全问题,通过调查该地区部分高速公路路段的不利天气、自然环境、道路线形和事故特征等因素,系统分析了山区高速公路路侧事故的分布规律和特征及不利天气条件下路段平纵线形、长大下坡及路侧障碍物等因素对路侧事故的影响,并提出改善措施及管理制度,形成了江西省山区高速公路路侧安全管理体系。全书共11章,内容包括不利天气条件下山区高速公路路侧事故特征调查与分析、路侧事故统计特征、路侧事故的关系、道路线形和障碍物对山区高速公路路侧事故的影响、路侧安全评价、路侧事故多发点/段鉴别及成因分析、路侧事故多发点/段安全改善、高速公路车速管理、路侧事故预警、路侧事故应急技术。

本书可作为普通高等院校交通工程、交通安全方向的师生参考书,也可作为从事高速公路交通安全技术研究和交通安全设施研究的工程技术人员和科研人员参考书。

图书在版编目(CIP)数据

山区高速公路路侧安全保障理论与方法/陈宽民,李岩辉,谢晓如著. —北京:科学出版社,2017.6

ISBN 978-7-03-053353-1

Ⅰ. ①山… Ⅱ. ①陈… ②李… ③谢… Ⅲ.①山区道路–高速公路–路侧地带–安全管理–研究 Ⅳ. ① U418.9

中国版本图书馆 CIP 数据核字(2017)第 133904 号

责任编辑:李 萍 白 丹/责任校对:刘亚琦
责任印制:张 伟/封面设计:迷底书装

科 学 出 版 社 出版
北京东黄城根北街 16 号
邮政编码:100717
http://www.sciencep.com

北京中石油彩色印刷有限责任公司 印刷
科学出版社发行 各地新华书店经销

*

2017 年 6 月第 一 版 开本:720×1000 B5
2017 年 6 月第一次印刷 印张:13 1/4
字数:200 000
定价:88.00 元
(如有印装质量问题,我社负责调换)

前　言

山区高速公路受地形、地貌、地质条件等因素的限制，天气条件多变，部分山区高速公路路段易受雨、雾等不利天气的影响，频繁的降雨使路面湿滑，在长大下坡、急弯陡坡、隧道群及排水不畅路段，存在重大安全隐患。山区高速公路的复杂环境条件，时常导致单车掉线、撞坏护栏、翻车或坠车等典型路侧事故的发生，因此改善路侧安全环境刻不容缓。目前，国家对交通安全问题高度重视，交通科技问题研究作为一个专题被列入了国家中长期科学和技术发展规划，其中交通安全问题是三大热点问题之一，符合国家科技发展的需要。

本书从人、车、路及环境所组成的交通系统出发，系统研究了不利天气条件下山区高速公路路侧事故的分布特征、具体成因及影响因素，提出山区高速公路路侧安全的分级标准和评价方法，研究切合江西省高速公路交通状况的路侧交通安全改善与保障技术，以指导江西省高速公路的建设和运营管理，为保障高速公路交通运输安全、健康、快速发展奠定基础。研究提出的管理方案及工程技术措施将为江西省高速公路交通系统的规划、设计、维护及管理提供科学的依据。

本书内容安排如下：第 1 章介绍山区高速公路路侧事故特征调查与分析；第 2 章介绍不利天气条件下山区高速公路路侧事故统计特征；第 3 章详细介绍不利天气条件下山区高速公路路侧事故的关系；第 4 章介绍不利天气条件下道路线形对山区高速公路路侧事故的影响；第 5 章阐述不利天气条件下障碍物对山区高速公路路侧事故的影响；第 6 章主要叙述山区高速公路路侧安全评价；第 7 章介绍不利天气条件下山区高速公路路侧事故多发点/段鉴别及成因分析；第 8 章介绍不利天气条件下山区高速公路路侧事故多发点/段安全改善；第 9 章

介绍不利天气条件下山区高速公路车速管理；第 10 章论述不利天气条件下山区高速公路路侧事故预警；第 11 章主要介绍不利天气条件下山区高速公路路侧事故应急技术。

　　本书由陈宽民、李岩辉、谢晓如撰写，并对全书进行了统稿。另外，王龙健、辛梦阳、张俊、武艳、杨克鹏、杨权涛、夏立品等在收集与整理资料、统计与处理数据、制图等方面做了大量工作，在此表示感谢！

　　限于作者的水平和学识，书中不当之处在所难免，恳请专家和读者批评指正。

目　　录

第1章 山区高速公路路侧事故特征调查与分析

1.1 项目研究背景

1.1.1 江西省社会经济发展与自然地理环境概况

江西省，简称赣，地处我国东南偏中部长江中下游南岸，毗邻长江三角洲、珠江三角洲和闽南三角区，省会为南昌市。自古以来，江西省物产富饶、人文荟萃，素有"物华天宝、人杰地灵"之誉，生态资源丰富。改革开放以来，江西省经济全速发展，交通四通八达，南北、东西贯通全省的高速公路网把整个江西省与全国紧密地连接在一起。自古至今，江西省一直是全国经济发展的枢纽和企业家争相投资之地。江西省发展的优势如下。

1. 区位优势

江西省是唯一与我国最具经济活力的长江三角洲、珠江三角洲和闽南三角区相毗邻的省份，并纳入泛珠三角经济圈。在陆路交通通道上，江西省已经是连接长江三角洲和珠江三角洲最便捷的大通道，这是湘、鄂、皖三省所无法比拟的。过去江西省被称为沿海的内地，现在这句话倒过来说，就是内地的前沿。过去"不东不西"的江西省，实际上处在东西部地区产业、经济合作与交流的中转地带，是承东启西、贯通南北的交通枢纽。日益开放的江西省正在发挥具有紧连粤、闽、浙，深延港、澳、台，融入全球化的独特区位优势，搭乘区域经济竞争的快车，实现更好更快发展。

2. 市场优势

江西省水、陆、空交通十分便利，随着高速公路等基础设施和配套工程的相继建成，该省不仅具备进一步加大合作、加快发展的条件，而且与全国市场的连贯更加顺畅，"中部桥梁"的现代物流中心地位更加突出。经测算，以省会南昌市为中心的 6 小时经济圈内拥有 4.5 亿人口，至少具有 12 万亿元工业品消费潜力。江西省在全国经济一盘棋上，对于建立内需型经济，满足国内市场需求而言，是其他地区所无法替代的。尤其从当前来看，扩大内需，做大"国内经济大循环"，是带动我国经济发展的不可或缺的"马车"，这个"马车"的轴心不可避免地、历史地落在江西省的身上。

3. 投资环境优势

用过去的眼光看，江西省发展滞后的原因就出在了人文环境和投资环境上，其实就是体制和机制的问题。这曾经是江西的劣势，但是，目前这些情形已经大为改变。江西省在营造"投资成本最低、回报最快、效率最高、信誉最好"的投资环境方面取得了明显成效，影响和知名度越来越大，已经成为国内外众多投资者关注和投资的热点地区。江西省在"中部崛起"战略推动下，形成了加快发展的良好氛围，营造了令人关注的"江西省现象"，江西省完全可以在区域板块中先声夺人并发挥作用。

4. 优越的综合自然条件和资源禀赋优势

江西省具有农业和工业全面发展的优越的综合自然条件和资源禀赋，生态环境良好，这是我国东部或西部地区所不具备的优势。我国西部农业发展条件差，生态环境脆弱，东部又自然资源缺乏，而江西省自然资源丰富，特别是全省正全力推进绿色生态江西建设，使该省正在成为海内外投资创业者的集中地。

江西省自然资源丰富，矿产资源品类多种多样。该省有色金属、贵金属和稀有稀土金属等矿产资源丰富，在全国占有重要地位。截至 2007 年年底，发现各种有用矿产 183 种（以亚种计），矿产地 5000 余处。其中，探明资源储量的 124 种，已列入矿产资源储量表的 119 种，矿产地 1476 处。对国民经济建设具有较大影响的 45 种主要矿产中，江西省有 36 种。其中，保有资源储量居全国首位的有铜、钽、重稀土、铀、钍、铷、伴生硫、化工用白云岩、麦饭石和黑滑石 10 种；第二位的有钨、铋、银、铌、铯和碲等 8 种；第三位的有金、铍、锂、化肥用及制灰用灰岩、玻璃用砂及玻璃用砂岩和海泡石黏土等 12 种。总体来说，江西省的资源丰富，主要有以下特点：①矿产种类丰富，有色金属、贵金属和稀有稀土金属矿产资源优势明显。②主要矿产资源相对分区集中产出，有利于规划布局和规模开发。③有色金属矿床中共伴生有用矿产多，综合利用价值高。④地热、矿泉水分布广，开发利用潜力大。

1.1.2　江西省高速公路现状特征与发展趋势

　　1989 年 7 月，江西省第一条高速公路——南昌至九江高速公路破土动工。2004 年 1 月，江西省高速公路通车里程突破 1000km；2008 年 1 月，随着武宁至吉安高速公路基本建成通车，江西省高速公路通车里程突破 2000km；2010 年 9 月，鹰潭公路建成通车后，江西省高速公路通车里程突破 3000km，正式迈入当时全国高速公路建设前 10 位省份行列；2012 年 12 月，德兴至上饶、抚顺至吉安、吉安至莲花、赣州至崇义、龙南里仁至杨村 5 条高速公路建成通车，江西省高速公路通车里程突破 4000km，达到 4260km。至此，江西省高速公路覆盖到全省 97 个县（市、区），出省主要通道达到 20 个。江西省高速公路里程建设情况如图 1-1 所示。

1.1.3　江西省山区高速公路运营安全概况

　　近年来，随着我国公路交通事业的不断发展，尤其是大量高速公路的建设为构建高效通达的公路运输网络奠定了坚实的基础，极大地方便了不同地区间的联系，改变了人们的出行方式，促进了小康社会的建设。但其在产生显著的社会经济效益的同时也带来了大量的交通事故，且长期居高不下，给社会及人民生命财产带来巨大损失，不利于社会和谐发展。

　　现阶段江西省建设任务多数已延伸至地理地貌环境条件较为复杂的山区，由此也导致了事故多发。2010 年，江西省共发生道路交通事故 6004 起、死亡

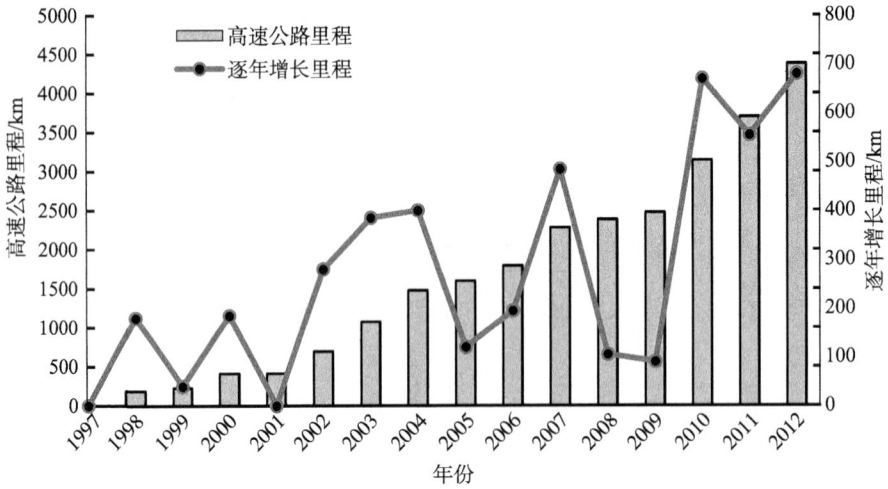

图 1-1　江西省高速公路里程建设情况

1944 人，其中全省高速公路发生事故同比上升 11.37%，高速公路改扩建期间事故同比上升 112%。路侧交通事故是指车辆在公路上行驶时，因发生意外驶离行车道而引发的交通事故，其与某些路侧设施（如护栏、路肩、边沟、边坡、标志牌立柱、中央隔离带等）或部分天然障碍物（如树木、悬崖峭壁、沟渠河流等）有关。根据美国 2002～2007 年道路交通事故统计，路侧事故数占事故总数的 15%，但死亡事故数比例却高达 42.9%，尤其是单车冲出路外事故数占全部事故数的 18%，占全部致死事故数的 44%。在我国，路侧交通事故的严重性也越来越引起重视。根据公安部 2003～2005 年交通事故统计白皮书，我国路侧事故数约占事故总数的 8%，造成了约 12% 的死亡人数，说明路侧事故严重性较高。

更为严重的是，我国在一次死亡 3 人以上的重特大恶性事故中，由于车辆冲出路外坠落陡崖或高桥的路侧事故约占重大恶性交通事故的一半。例如，2006 年 2 月 19 日，黔彭二级路黔江境内沙弯特大桥处，一辆客车冲出大桥，跌入 40 余米落差的山谷，当场造成 27 人死亡。2011 年 5 月 30 日，福银高速山阳段下口子隧道 1491km + 500m 处一辆客车撞毁护栏发生侧翻事故，导致 7 死 25 伤。上述事故的共同特点都是先单车掉线、撞坏护栏，然后翻车或坠车的典型路侧事故。可见，改善路侧安全环境刻不容缓。

山区高速公路受地形、地貌、地质条件等因素的限制，由于天气条件多变，部分山区高速公路路段易受雨、雾等不利天气影响，频繁的降雨使路面湿滑，在长大下坡、急弯陡坡、隧道群及排水不畅路段，存在重大安全隐患。雾区对山区高速公路行车安全的影响显著，其中团雾的不良影响远大于大范围的降雾。从正常路段进入浓雾区，能见度突变，驾驶员在行驶过程中难以正确接收外部环境信息并及时作出正确反应，易发生判断和操作失误，增加了车辆发生交通事故的可能性。

1.2　山区高速公路路侧事故特征调查

美国研究人员较早开展了道路交通事故特征识别方面的理论研究工作，进而可有效确定影响因素，并实施安全改善措施。早在 1949 年，Smeed（1972）根据欧洲 20 国十余年的事故资料统计，回归分析得到了事故数与机动车保有量、人口数量间的关系。Tezukayama 大学研究人员系统分析了驾驶员特征（驾驶熟练程度、性别、驾驶时间、车辆状态）对事故率的影响。George 等（1988）探讨了公路立交上的事故类型、多发位置及成因。Lamm 等（1995）基于对山区高速公路事故特征的分析，提出了小半径曲线路段、长大下坡及视觉不良等特殊路段的设计安全标准，即设计连贯性、行驶车速一致性和驾驶协调性。Gibreel 等（1999）分析了交通量与事故数的关系，确定了事故数的时间分布规律。Yu 等（2013）利用贝叶斯模型对科罗拉多州 I-70 公路 1 年的事故数据进行回归分析，探讨了天气因素、道路几何条件、交通流参数对事故的影响，研究结果表明天气对山区高速公路交通事故影响巨大，尤其是降水量。根据阿提卡收费公路 2003～2004 年的事故统计，Kopelias 等（2015）的分析结果表明下坡坡度大、曲线半径小、缺乏速度限制等均可成为山区高速事故多发的潜在影响因素，而道路几何因素与降雨、路面湿滑导致 5%～10%的事故发生。同样，

Brauers 等（2004）认为山区高速公路事故的发生是多因素综合作用的结果。

　　大量研究报道表明道路交通条件对交通事故的发生及其严重程度影响显著，法国国家保险公司基于 1064 起事故样本的统计分析认为 40% 的事故发生与道路因素直接相关。瑞士等国的科研人员指出，事故成因并非单一，一起交通事故的诱发因素平均为 1.5～1.6 个，其中道路线形指标参数扮演着重要角色。俄罗斯专家巴布可夫（1990）致力于道路条件与交通安全关系的研究，包括道路条件对车辆行驶安全的影响、道路危险路段识别与安全改善等相关问题，着重探讨了交通量、道路几何特征（曲线半径、纵坡度、车道数、视距等）与交通事故的关系，据此进行了路段安全评价的研究。Haddon（1972）将交通事故中人–车–路间的相互关系表示为 3×3 的矩阵形式，即著名的哈顿矩阵，其中任何一个元素均对事故的发生有影响。Yeo 等（2013）认为交通流状态受道路几何因素制约，对驾驶员的驾驶行为有显著影响，因此间接作用于事故的发生，并利用韩国 I-880 上 51km 公路路段进行了实验研究。

　　Polus 等（2015）对山区高速公路不良线形路段事故进行了统计分析，认为提高其设计一致性有助于改善交通安全状况，该观点与 Visnjic 等（2009）对克罗地亚小城镇公路体系的事故成因类似。同时，Council（1998）对双车道农村公路事故分析后认为改善平曲线半径的衔接过渡也有助于提高整体安全水平。Fontaine（2008）通过对四车道山区高速公路安全状况的长期跟踪研究，认为设置货车专用车道并严格限制其使用有助于减少超载超重货车事故的发生。Gintalas 等（2008）的研究结果表明雨雪天在长大下坡路段适当撒一些砂砾有助于减少车速和刹车失灵事故的出现。Shively 等（2010）通过贝叶斯参数模型估计了交通量、道路几何参数与事故率的量化关系。Schneider 等（2009）系统研究了双车道农村公路平曲线半径处的单车路侧事故，结果表明驾驶员的伤亡程度与路侧设施类型有密切内在联系，而 Sadat 等（2008）对该问题的研究结果表明事故严重性还与驾驶员的操作反应和行为特征有关。Montella（2009）认为曲线路段设置必要的安全设施、降低车速有助于改善交通安全。Fitzpatrick等（2010）通过对得克萨斯州四车道农村公路的研究，得出了基于车道密度分布特征的平曲线路段事故修正系数。

我国同样面临山区高速公路事故数长期居高不下的困扰。根据福建、广东、浙江、山东四省的事故统计数据，山区高速公路事故数占高速公路事故总数的60%以上，尤其是在我国东南、西南广大地区。其中，由于大量山区高速公路相继投入运营，福建省山区高速公路相关交通事故统计数从1997年的693起增长到2007年的1300起。因此，国内专家学者也对此问题展开了理论研究和实践探索，如对事故数据进行统计分析，量化事故影响因素，解析事故分布的实践与空间规律等。韩凤春等（2005）以八达岭高速公路进京方向 50～55km 典型长大下坡路段的事故数据为基础，结合实地环境勘察，深入分析了该路段重特大交通事故的分布特征及成因。裴玉龙等（2004）验证了高速公路的车速离散性与亿车公里事故率指标间的相关性，结果表明事故率随着车速分布离散性的增大而增大，可为高速公路的车速限制提供重要理论依据。钱宇彬等（2001）分析了云南省山区高速公路事故特点，并从地形限制、气候影响等角度解析了事故成因，提出了改善措施。

借鉴国外对道路线形–事故指标间关系的研究思路，国内对山区高速公路的事故特征、影响因素等问题也展开了大量研究。郑安文等（2002）对云南、贵州、四川、福建等省份的山区高速公路事故数据进行了细致分析，认为不良线形路段众多、车辆制动性能不佳、安全设施缺乏等因素及管理上的不足等致使山区高速公路事故较其他地区数量多、伤亡程度严重。李长城等（2007）根据贵黄、贵新两条山区高速公路的事故数据构建了线形指标（圆曲线、缓和曲线、超高等）–交通量–事故率间的关系模型。唐国利等（2005）研究了山区高速公路长大下坡、小半径曲线、视觉不良等特殊路段的事故特征，提出了线形改善、设施布设及车速管理等措施。王浩等（2011）建立了直线段长度、竖曲线半径、纵坡度、平曲线的半径与偏角等单一线形指标与事故率的统计关系，进而分析了直线接平曲线路段、组合路段（纵坡-平曲线、平曲线-竖曲线、凹竖曲线-凸竖曲线）、断背曲线路段的事故率特征，研究结论与艾明昱等（2012）的类似。匡艳等（2005）研究了雨、雾、冰雪等不利于行车安全的天气状况及路况不良状态下易引发驾驶员的不安全操作行为，从而导致违章驾驶并酿成事故惨剧。管满泉等（2007）研究指出雾天能见度降低严重威胁山区高速公路的行车安全，应建立集预报检测、交通监视控制、轮廓指示和交通组织于一体的雾天交通管理系统。陈帅等（2010）认为不良天气是导致山区高速事故多发的重要原因，而浓雾、冰雪等恶劣天气下"只堵不疏"封闭管理无益于改善安全状况。

1.3   山区高速公路路侧事故分布特征统计

1.3.1   时空分布

1. 事故月份分布

交通事故时间分布规律是指交通事故随时间而变化的统计特征。通过分析山区高等级公路交通事故随时间变化的统计规律，可揭示高速公路事故发生的规律（梁艳平等，2005）。

江西省高速公路事故（2010年和2011年）按月份统计结果如表1-1所示。总体上来说，江西省高速公路在1月、2月、7月、8月、11月的事故数、死亡人数和受伤人数高于其他各月。

1月和2月春运期间，车流量增多，多数营运车辆超载容易引发交通事故。7月和8月天气炎热，是高速路公路车祸高发期。由于夏季炎热，空气流通性差，造成驾驶员容易疲劳，尤其是午后行车极易犯困，容易导致交通事故的发生。11月左右全省则步入路面冰冻天气较多的冬季，不利于行车安全。

表 1-1　江西省高速公路事故按月份统计结果

时间	事故数/起		死亡人数/人		受伤人数/人	
	2010 年	2011 年	2010 年	2011 年	2010 年	2011 年
1 月	97	55	43	42	159	127
2 月	113	71	47	41	171	113
3 月	64	34	38	15	191	44
4 月	63	47	30	26	121	59
5 月	47	46	25	24	67	58
6 月	46	49	17	36	83	66
7 月	68	63	32	28	104	92
8 月	72	51	21	49	119	77
9 月	73	50	32	19	97	63
10 月	58	51	24	28	94	58
11 月	56	49	42	32	99	60
12 月	52	54	20	19	71	80

2. 事故全天各个时段分布

根据从交警部门取得的资料，分析这些交通事故的时间分布特征，作出事故全天各个时段分布规律图 1-2。

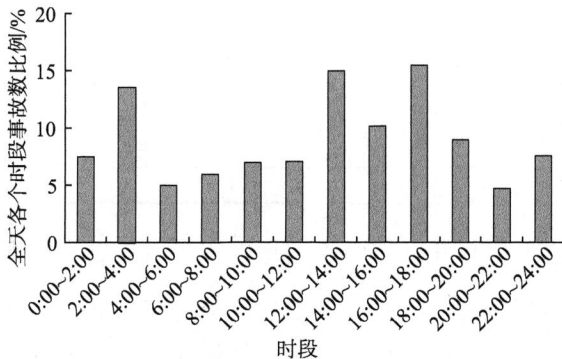

图 1-2　江西省高速公路事故全天各个时段分布规律

从图 1-2 中可以看出，山区高速公路交通事故按全天各个时段分布以凌晨 2:00～4:00、中午 12:00～14:00 和下午 16:00～18:00 这 3 个主要高峰时段事故数最高。这 3 个高峰时段事故数共占全天事故总数的 40%左右。在凌晨 2:00～

4:00，山区气温较低，经常出现霜雾天气，视距不良，驾驶员驾驶车辆最耗费精力，在费力和紧张的时候，容易发生交通事故。在下午 16:00～18:00，山区光线不良，对比度差，也是全天事故高发和行车险象环生的时段。在中午 12:00～14:00，驾驶员易疲劳，生理机能下降，主观上心情急躁，加之疲劳，易引发交通事故。

3. 事故分布与平面线形的关系

2010 年，江西省高速公路共发生 809 起交通事故。其中，在平直路段发生的事故数最多，达到 680 起，占全部事故数的 84.05%。其次，在一般坡与一般弯处，分别发生交通事故 54 起和 43 起，分别占全部事故数的 6.67% 和 5.32%。不同线形下江西省高速公路事故统计见表 1-2。

表 1-2　2010 年江西省高速公路不同线形条件下事故统计

平面线形	事故数/起	事故数比例/%
平直	680	84.05
陡坡	1	0.12
急弯	7	0.87
一般坡	54	6.67
一般坡急弯	3	0.37
一般弯	43	5.32
一般弯陡坡	4	0.49
一般弯坡	11	1.36
急弯陡坡	6	0.75
合计	809	100.00

平直路段交通事故频发，主要原因是平直路段驾驶员注意力容易分散，脚底不自觉踩尽油门超速行驶，并且周围景色单一容易疲劳，导致交通事故的发生。有些驾驶员山路行驶经验不足，或者外地的驾驶员遇到连续急弯时对情况的判断处理不及时。对于新手驾驶员，技术不高，经验不足，再加上自身容易思想麻痹，过于自信，极易引发山区高速公路交通事故。

4. 事故分布与纵断面的关系

根据对江西省高速公路 2010 年和 2011 年两年的交通事故数据具体分析，

找出其发生交通事故的具体位置并进行归类，可以发现道路纵断面与交通事故的分布　特征。

首先，高速公路的纵断面直接影响着汽车的动力性能。长大下坡对货车来说是个致命的弱点，据调查发现，很多事故都发生在山区高速公路长大下坡路段（熊金龙，2012）。驾驶员对于长大下坡路段一旦感到不安，产生焦虑紧张心理，容易判断失误。货车下坡行驶时速度增加较快，驾驶员频频踩刹车，容易导致刹车失灵、失控发生事故，并且长大下坡路段行驶速度失控易发生侧翻冲出路基撞击前方车辆的恶性事故。

其次，在山区高速公路中，凸曲线对车辆行驶过程中驾驶员的视距影响较大，而其又受山岭地区季节性生长植被的影响，视距条件往往得不到保证，从而对其运行安全是个严峻的考验。凸曲线同时也会引发驾驶员的视觉差错，导致驾驶不当而发生交通事故。

1.3.2　车辆因素影响

交通事故的交通方式分布是指交通事故按照采用的交通方式的不同分布状况，对交通事故的交通方式分布规律的研究有助于在事故防御中突出重点。图 1-3 给出了所调查的江西省 3 条典型高速公路涉及车辆因素的事故统计。

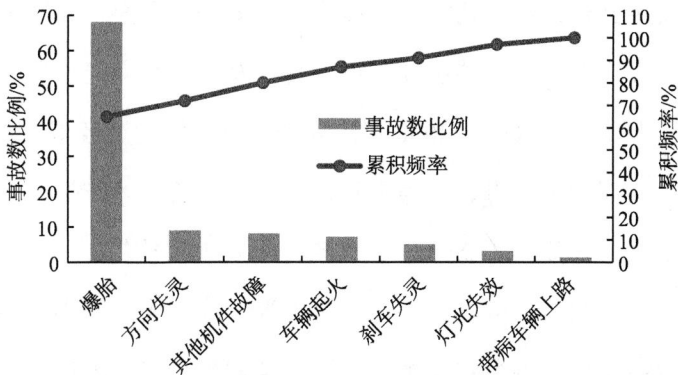

图 1-3　涉及车辆因素的事故统计

高速公路交通事故中货车和客车发生交通事故的概率较高。货车和客车2010年共发生事故238起，死亡157人，分别占当年事故总数的29.42%和死亡总人数的42.32%；2011年共发生事故196起，死亡131人，分别占当年事故总数的31.61%和死亡总人数的36.49%。高速公路客车事故的死伤率较高，2010年共发生事故46起，死亡21人，伤124人；2011年共发生事故37起，死亡38人，伤129人。

货运车车主为了降低运输成本，提高利润，通常都是多拉快跑，超载现象时有发生；而长途客车在春运时期超载现象严重。这两类车辆发生事故概率大，威胁大多数人的生命安全，应予以重视。除此之外，货运行业的恶性竞争，让有些货车驾驶员铤而走险，对车辆进行各种违规改装，并且缺少安装防撞护栏。没有安装防撞护栏的货车，常被戏称为"吃人的大嘴"，一旦货车与小汽车发生追尾，很多惨案都是因为货车没有安装防撞护栏导致小汽车全部钻进货车尾部而车毁人亡。

1.3.3　不利天气状况影响

驾驶员驾驶过程中稳定性较差，易受周围环境影响，如天气变化。实践证明，天气条件影响着车辆的使用性能和驾驶员的驾驶行为。

在山区高速公路，由于独特的地形地貌环境，经常面临天气阴沉等不利天气因素。根据大量事故资料的统计发现，阴天发生道路交通事故的频率较高。例如，京珠高速粤北段2005～2008年阴天条件下共发生交通事故738起，事故数及发生频率均高于雨、雪、雾等不利天气条件下的统计数据，占各种不利天气条件交通事故统计数的27.56%。阴天条件下发生事故的频率较高，主要是因为阴天光亮度和空间对比度低，视线不良，视觉范围大大缩小，容易造成眼睛疲劳，行车视线受到影响会致使视距变短，且较易引起驾驶员的烦躁情绪，这些都是造成阴天事故多发的重要原因，但驾驶员往往掉以轻心。

弥漫的大雾会大大降低道路的能见度，驾驶员难以辨识前方路况、障碍物等状况及可变情报板、标志标线等设施，车辆安全行车间距无法保持，影响驾驶员的观察和判断能力，尤其是浓雾天气和雾带的出现，易引发连环追尾。雾水会使路面摩擦系数减小，车辆制动距离增加，也易引发追尾事故。

雾天因路侧景物模糊不清导致驾驶员失去了车速判断的参照物，因此驾驶员无法把握好车速，潜意识里认为车速不高。从京珠高速粤北段 2005 年雾天发生的 32 起道路交通事故发现，有 6 起道路交通事故是由超速行驶所引起。1975年美国加利福尼亚州至纽约的高速公路，曾发生因大雾导致的 300 多辆车连环相撞，死亡逾 1000 人。2007 年 4 月 13 日，成渝高速出城方向来凤段两公里长的路段，发生 14 起追尾事故，52 辆汽车受损，造成 5 人死亡、36 人受伤。江西省高速公路上因大雾影响造成的交通事故可以达到事故总数的 25%左右，而雾天的事故率是平常的 10 倍，故应重视雾天的事故预防。

雨天和雪天也会使能见度降低，驾驶员视距变短，交通安全设施的辨别度较差，与前、后车的安全距离无法保证，驾驶员的观察判别能力降低，尤其使道路的摩擦系数急剧减小，因此容易引发交通事故。

1.3.4　驾驶员因素事故特征

2010 年，共统计江西省高速公路交通事故 809 起，其中机动车驾驶员疲劳驾驶和超速驾驶及影响安全驾驶行为是事故发生的主要原因，总数 595 起，占全部事故的 73.55%。表 1-3 展示了这些事故的影响因素分布。

（1）疲劳驾驶。由统计资料可得，2010 年江西省高速公路交通事故中，由驾驶员疲劳驾驶因素引起的有 133 起，占全部事故数的 16.44%。山区高速公路多桥隧相连，车辆频繁进出隧道，不断变化的光照强度很容易导致驾驶员眼睛疲劳，注意力下降，极易导致交通事故的发生。

（2）超速驾驶。在 2010 年中，江西省高速公路交通事故中由于超速驾驶发

表 1-3　　2010 年江西省高速公路交通事故驾驶员因素分布

驾驶员因素	事故数/起	事故数比例/%
疲劳驾驶	133	16.44
超速驾驶	116	14.34
影响安全驾驶行为	346	42.77
违法变更车道	31	3.83
违法超车	18	2.22
与行人有关	49	6.06
其他	116	14.34
合计	809	100.00

生交通事故 116 起，事故比例为 14.34%。山区高速公路多依山而建，傍水而行，风景优美，许多驾驶员欣赏窗边美景的同时脚下也不知不觉加快了油门导致超速行驶，而超速往往会导致爆胎，并且速度快的时候，如遇突发状况，驾驶员往往感到慌乱不安，来不及判断并采取应急措施，从而导致惨祸的发生。

（3）影响安全驾驶行为。如图 1-4 所示，这类因素在事故中占多数，达到总数的 42.77%。影响安全驾驶行为，一般来说，有行车途中听电话，与同伴聊天，低头看导航仪，或者在行车途中听音乐分散注意力，还有一些年轻驾

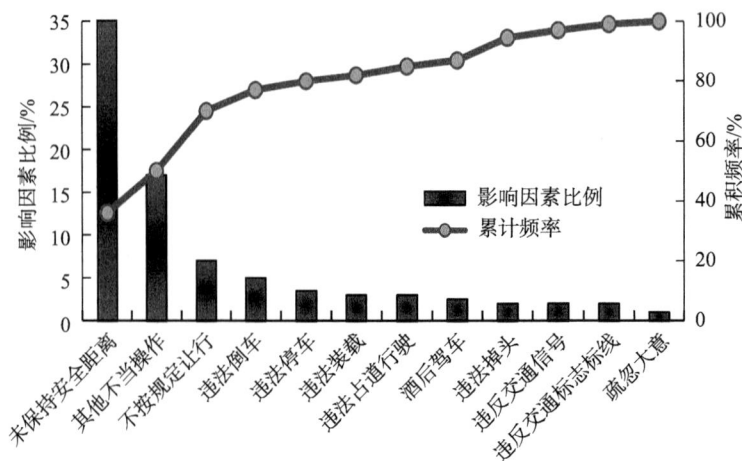

图 1-4　　影响安全驾驶行为因素统计

驶员的攻击性驾驶行为等。许多在山区国、省道上跑惯的老驾驶员对于高速公路的常识了解较少，认为大路朝天各走半边，想走哪边就哪边，一会走左边一会走右边，极易导致交通事故的发生。

1.4　基于 Logistic 回归模型的山区高速公路路侧事故影响因素筛选

由于高速公路死亡事故的发生受多方面因素的影响，且单起事故的发生具有较大的不确定性，因此分析致死事故的主要影响因素还应借助于统计学的分析方法，通过对大量事故数据样本的统计分析，以获得相关规律或结论。Logistic回归模型是一种将不同事件结果所发生概率作为因变量的回归分析方法，主要鉴别各自变量与因变量的相关性并构建量化模型，是一种较为合适的分析方法。

1.4.1　自变量的选取

根据事故数据提供的信息，本书选取了包括道路线形特征、环境特征、驾乘人员特征、车辆特征、事故形态和事故原因在内的六大类，共 28 个因素用于回归研究（马壮林等，2009）。自变量均采用虚拟变量形式，用"1"代表某种情况发生，"0"代表某种情况不发生，变量的类型与描述见表 1-4。

表 1-4　变量类型与描述

变量类型	编号	变量名称	变量编码	
			1	0
道路线形特征	X_1	平曲线路段	事故发生于平曲线路段	其他
	X_2	下坡路段	事故发生于下坡路段	其他
	X_3	弯坡组合路段	事故发生于弯坡组合路段	其他
环境特征	X_4	天气	不利天气	其他
	X_5	季节	夏季或冬季	其他
	X_6	事故发生时段	夜间	其他
	X_7	事故发生日期	周末或节假日	其他

变量类型	编号	变量名称	变量编码	
			1	0
驾乘人员特征	X_8	驾驶员性别	男性	其他
	X_9	驾驶员年龄	25 岁以下或 55 岁以上	其他
	X_{10}	驾龄	4 年以下	其他
	X_{11}	正确使用安全带	驾乘人员均正确使用安全带	其他
事故形态	X_{12}	撞固定物	与路侧或中央隔离带固定物碰撞	其他
	X_{13}	追尾碰撞	追尾碰撞	其他
	X_{14}	正面碰撞	正面碰撞	其他
	X_{15}	侧面碰撞	侧面碰撞	其他
	X_{16}	侧翻	侧翻事故	其他
	X_{17}	刮擦	刮擦事故	其他
	X_{18}	多车碰撞	三辆及以上车辆发生碰撞	其他
事故原因	X_{19}	超速行驶	超速行驶	其他
	X_{20}	疲劳驾驶	疲劳驾驶	其他
	X_{21}	突然变道	突然变更车道	其他
	X_{22}	违规超车	违规超车	其他
	X_{23}	未保持安全车距	与前车未保持安全车距	其他
	X_{24}	超载行驶	超载行驶	其他
	X_{25}	车辆安全状况差	驾驶安全设施不全或不符合技术标准的机动车	其他
车辆特征	X_{26}	小汽车	小汽车卷入事故	其他
	X_{27}	大客车	大客车卷入事故	其他
	X_{28}	重型货车	重型货车卷入事故	其他

1.4.2　Logistic 回归模型

Logistic 回归模型的因变量根据其结果可为二分类，也可为多分类。由于本书中将事故严重程度划分为死亡事故和非死亡事故，故采用二元 Logistic 回归模型。设因变量 Y 表示某起事故的严重程度，用 $Y=1$ 表示死亡事故，用 $Y=0$ 表示非死亡事故，则发生死亡事故概率的数学表达式为

$$P(Y = 1 \mid \boldsymbol{X}) = \frac{\exp(\alpha + \boldsymbol{X\beta})}{1 + \exp(\alpha + \boldsymbol{X\beta})} \qquad (1\text{-}1)$$

式中，$P(Y=1|\boldsymbol{X})$ 为在 $\boldsymbol{X}$ 自变量条件下发生死亡事故的概率；α 为常量；$\boldsymbol{X}$ 为对交通死亡事故发生有显著影响的自变量所组成的向量；$\boldsymbol{\beta}$ 为各自变量的参数所组成的向量。

设有 n 个影响因素与因变量显著相关，P_1 表示死亡事故发生的概率，可将式（1-1）转化为对数形式，如下所示：

$$\ln\left[\frac{P_1}{1-P_1}\right] = \alpha + \beta_1 X_1 + \beta_2 X_2 + \cdots + \beta_n X_n \tag{1-2}$$

为明确某因素 X_i 对因变量的影响程度，假设当其他因素保持不变时，该因素发生比（odds ratio，OR）为

$$OR = \frac{\phi_1/[1-\phi_1]}{\phi_0/[1-\phi_0]} \tag{1-3}$$

式中，$\phi_1/[1-\phi_1]$ 为当 $X_i=1$，即该因素发生时，发生死亡事故的概率 ϕ_1 与不发生的概率之比；$\phi_0/[1-\phi_0]$ 为当 $X_i=0$，即该因素不发生时，发生死亡事故的概率 ϕ_0 与不发生的概率之比。

将式（1-3）进行简化，得到

$$OR = \exp(\beta_i) \tag{1-4}$$

式中，β_i 为因素 X_i 对应的参数。若 OR>1，即 β_i>0 时，表示该因素能增大死亡事故的发生概率；若 OR<1，即 β_i<0 时，表示该因素能减小死亡事故的发生概率。为从诸多因素中鉴别出对死亡事故发生有显著影响的因素，需对自变量进行筛选。采用逐步向后选择法筛选自变量，取显著性水平为 0.05，若自变量 X_i 的 Wald 统计量的显著性概率（P）小于 0.05，则该自变量与因变量显著相关，选择该自变量，且 P 越小，相关性越显著；反之，则将其剔除出模型。

1.4.3　结果分析

根据处理后的事故数据，基于 SPSS 软件分析平台，将 P 值中符合要求的

变量筛选出来，共鉴别出 10 个对死亡事故发生影响显著的因素，分析结果见表 1-5。

表 1-5　模型参数估计

变量名称	参数估计	显著性	发生比
不利天气	0.613	0.048	1.846
下坡路段	1.217	<0.001	3.377
弯坡组合路段	1.532	<0.001	4.627
撞固定物	−1.163	<0.001	0.313
刮擦	−1.347	0.004	0.260
多车碰撞	1.544	<0.001	4.683
超速	1.267	<0.048	3.549
未与前车保持安全车距	1.053	0.017	2.867
车辆安全状况差	0.759	0.037	2.136
使用安全带	−1.563	<0.001	0.209

在所有的影响因素中，有两项因素和道路线形有关，分别是下坡路段和弯坡组合路段，参数估计分别为 1.217 和 1.532，所对应的发生比分别为 3.377 和 4.627，表明当车辆碰撞事故发生在下坡路段或弯坡组合路段时，更易发生交通死亡事故，且弯坡组合路段的危险程度要比下坡路段更大。这反映了山区高速公路不良线形条件给行车安全造成了较大挑战，增大了交通死亡事故的发生概率。此外，不利天气也是对交通死亡事故影响较大的重要环境因素，其参数估计值为 0.613，对应的发生比为 1.846。不利天气主要包括雨、雪、雾、冰冻等气象条件。在南方山区，气象条件复杂多变，雨、雾天较多，这在一定程度上影响了车辆的制动效果和驾驶员视距，不利于车辆的行驶安全。

为改善不良道路线形、不利天气条件下山区高速公路的交通安全水平，应建立和完善高速公路监控系统及不利天气条件下的信息预警平台，向高速公路使用者发布及时、准确的交通信息，提高事前预防能力。同时，采取工程技术手段，加强对事故易发多发路段的交通安全设施的优化设计、设置及养护，提高该类路段的交通安全水平，尽可能减少死亡事故的发生。

有 3 项因素与事故形态有关，分别是撞固定物、刮擦以及多车碰撞，参数估计分别为-1.163、-1.347 和 1.544，所对应的发生比分别为 0.313、0.260 和 4.683。表明当发生撞固定物和刮擦事故时，发生死亡事故的可能性减小，而发生 3 辆车及以上的多车碰撞时，发生死亡事故的可能性提高。这表明当有多车追尾情况发生时，由于发生多次碰撞和挤压，甚至是车体的剧烈形变，很可能导致群死群伤的事故发生，危害很大。而撞固定物和刮擦事故由于碰撞后可能改变车辆的行驶方向，以及护栏碰撞后由于发生形变而具有一定的吸能作用，使碰撞产生的能量得到部分抵消，反而能使事故的严重程度得到一定程度的减弱。

有 3 项因素与危险驾驶行为有关，分别为超速、未与前车保持安全车距和车辆安全状况差，其参数估计分别为 1.267、1.053 和 0.759，所对应的发生比分别为 3.549、2.866 和 2.136。在事故原因分析中，驾驶员的因素往往为主要因素，因此，这要求驾驶员加强安全意识，避免危险驾驶行为的产生。此外，由于我国道路交通流构成较为复杂，仍有大量不符合安全标准或安全状况差的机动车行驶于高速路上，一旦发生碰撞事故，很可能造成严重后果。

正确使用安全带在事故发生时具有一定的保护作用，其参数估计为-1.563，对应的发生比为 0.209。这表明，当发生车辆碰撞事故时，安全带能够有效降低事故的严重程度，减小死亡事故发生的概率。主要原因在于当汽车发生碰撞时，安全带一方面可以将驾乘人员有效地限制在一定的空间范围内，避免由于惯性前冲造成人体与方向盘、仪表盘及前挡风玻璃的碰撞，同时能吸收大量撞击能量；另一方面，在发生侧翻或翻滚事故时，安全带可将驾乘人员固定在座椅上，防止被甩出形成二次碰撞，有效降低了死亡事故的发生概率，提高了行车安全。但在实际中，驾乘人员安全意识仍较为薄弱，不系安全带的现象常有发生，乘员使用安全带的状况往往容易被忽视，特别是处于后座的乘员使用安全带的比例很低，造成较大的安全隐患。

参 考 文 献

艾明昱, 郭静, 周华, 2012. 山区高速公路道路线形对交通安全的影响研究[J]. 公路与汽运, 4: 83-86.

巴布可夫, 1990. 道路条件与交通安全[M]. 景天然, 译. 上海: 同济大学出版社.

陈帅, 王楠, 2010. 不良天气条件下的高速公路交通管理研究[J]. 公路交通科技, 02: 169-171.

管满泉, 章金根, 2007. 道路交通环境对交通安全的影响及对策[J]. 中国人民公安大学学报(自然科学版), 3: 80-85.

韩凤春, 马社强, 2005. 山区高速公路交通事故特征及防控体系研究[J]. 公路交通科技, 22(3): 135-139.

匡艳, 王海星, 2005. 交通环境对交通安全的影响及对策[J]. 铁道劳动安全卫生与环保, 32(2): 63-65.

李长城, 阚伟生, 2007. 高速公路平面线形与安全关系的探讨[J]. 公路交通科技, 24(1): 126-129.

梁艳平, 邵春福, 2005. 交通事故信息管理与时空分布分析[J]. 中国安全科学学报, 15(2): 81-85.

马壮林, 邵春福, 董春娇, 2009. 基于累积 Logistic 模型的交通事故严重程度时空分析[J]. 中国安全科学学报, 21(9): 94-100.

孟祥海, 裴玉龙, 马长青, 2000. 高速公路事故多发点成因分析模型的建立及应用[J]. 哈尔滨建筑大学学报, 33(2): 113-116.

潘晓东, 隋永芹, 杨轸, 等, 2009. 山区公路小半径曲线事故黑点改善效果评价[J]. 同济大学学报, 37(2): 220-223, 284.

裴玉龙, 程国柱, 2004. 高速公路车速离散性与交通事故的关系及车速管理研究[J]. 中国公路学报, 17(1): 74-77.

钱宇彬, 蔡家明, 2001. 山区高速公路交通事故的分析和预防措施[J]. 上海工程技术大学学报, 15(2): 145-149.

乔建刚, 荣建, 任福田, 等, 2006. 基于人性化的双车道公路平曲线半径的研究[J]. 北京工业大学学报, 32(1): 33-37.

唐国利, 刘澜, 2005. 山区公路事故多发段道路条件分析与防治对策[J]. 交通科技与经济, 4: 55-57.

王浩, 孟祥海, 关志强, 2011. 山区高速公路几何线形与事故率关系研究[J]. 公路工程, 36(4): 89-92, 135.

熊金龙, 2012. 泰赣高速公路长大下坡路段交通事故频发的原因及防治措施[J]. 中国建设信息, 22: 64-67.

张长生, 马荣国, 2010. 山区高速公路交通事故分析及多发路段鉴别[J]. 长安大学学报(自然科学版), 30(6): 76-80.

张丽霞, 刘涛, 潘福全, 2014. 驾驶员因素对道路交通事故指标的影响分析[J]. 中国安全科学学报, 24(5): 79-84.

张利, 汪林, 2011. 不利气象条件对公路交通安全的影响及对策[J]. 公路交通科技, 28(7): 120-123.

郑安文, 牛倬民, 2002. 山区高等级公路交通事故原因特殊性分析与改进措施[J]. 武汉科技大学学报(自然科学版), 25(3): 284-287.

BRAUERS W, 2004. Some Traditional Methods to Approach the Problem of Multiple Objectives. Optimization[M]. Methods for a Stakeholder Society. New York: Springer US.

COUNCIL F M, 1998. Safety benefits of spiral transitions on horizontal curves on two-lane rural roads[J]. Transportation Research Record, 1635: 10-17.

FITZPATRICK K, LORD D, PARK B J, 2010. Horizontal curve accident modification factor with consideration of driveway density on rural four-lane highways in Texas[J]. Journal of Transportation Engineering, 136(9): 827-835.

FONTAINE M D, 2008. Effect of truck lane restrictions on four-lane freeways in mountainous areas[J]. Transportation Research Record, 2078: 135-142.

GEORGE Y, JOHN G, GEORGE K, 1998. A Comparative Analysis of the Potential of International Road Accident Data Files[J]. IATSS Research, 22(2): 111-120.

GIBREEL G M, EASA S M, 1999. State of the art of freeway geometric design consistency[J]. Journal of Transportation Engineering, 124(2): 305-313.

GINTALAS V, ZILIONIENE D, DIMAITIS M, et al., 2008. Analysis of design solutions in the objects of gravel roads paving programme in terms of traffic safety[J]. The Baltic Journal of Road and Bridge Engineering, 3(2): 93-100.

HADDOD J W, 1972. A Logical frame work for categorizing highway safety phenomena and activity[J]. Journal of Trauma and Acute Care Surgery, 12(3) 193-207.

HASSAN Y, SAYED T, TABERNERO V, 2001. Establishing practical approach for design consistency evaluation[J]. Journal of Transportation Engineering, 127(4): 85-95.

KANELLAIDIS G, 1999. Aspects of Road Safety Audits[J]. Joural of Transportation Engineering. 125(6): 481-486.

KOPELIAS P, PAPADIMITRIOU F, PREVEDOUROS P D, et al., 2015. Urban freeway crash analysis geometric, operational, and weather effects on crash number and severity[J]. Transportation Research Record, 123-131.

LAMM R, GUENTHER A K, CHOUEIRI E M, 1995. Safety module for highway geometric design[J]. Transportation Research Record, 1512(9): 7-15.

LEE Y, CHENG J F, 2001. Optimizing highway grades to minimize cost and maintain traffic speed[J]. Joural of Transportation Engineering, 127(4): 303-310.

MONTELLA A, 2009. Safety evaluation of curve delineation improvements[J]. Transportation Research Record, 2103: 69-79.

POLUS A, POLLATSCHEK M A, MATTAR-HABIB C, et al., 2005. An enhanced, integrated design-consistency model for both level and mountainous highways and its relationship to safety[J].

Road and Transport Research, 14(4): 13-26.

SADAT HOSEINI S M, VAZIRI M, 2008. Modeling driver's behaviour as a crash risk reduction process[J]. Promet Traffic and Transportation, 20(3): 139-146.

SCHNEIDER W H, SAVOLAINEN P T, ZIMMERMAN K, 2009. Driver injury severity resulting from single-vehicle crashes along horizontal curves on rural two-lane highways[J]. Transportation Research Record, 2102: 85-92.

SHIVELY T S, KOCKELMAN K, DAMIEN P, 2010. A Bayesian semi-parametric model to estimate relationships between crash counts and roadway characteristics[J]. Transportation Research Part B: Methodological, 44(5): 699-715.

SMEED R J, 1972. The usefulness of formulate in traffic engineering and road safety[J]. Accident Analysis and Prevention, 4(4): 303-312.

TAY R, BARUA U, KATTAN L, 2009. Factors contributing to hit-and-run in fatal crashes[J] . Accident Analysis and Prevention, 41(2): 227-233.

VISNJIC V, PUSIC M, 2009. Analysis of traffic accidents in the area of small towns in the Republic of Croatia[J]. Promet Traffic and Transportation, 21(2): 129-140.

WANG Y G, CHEN K M, H L W, et al, 2010. Voluntary killer: multivariate highway geometric factors contributing to crashes and collisions in China's mountainous regions[J]. Technics Technologies Education Management-TTEM, 5(3): 531-543.

YEO H, JANG K, SKABARDONIS A, et al., 2013. Impact of traffic states on freeway crash involvement rates[J]. Accident Analysis and Prevention, 50: 713-723.

YU R, ABDEL-ATY M, AHMED M, 2013. Bayesian random effect models incorporating real-time weather and traffic data to investigate mountainous freeway hazardous factors[J]. Accident Analysis and Prevention, 50: 371-376.

第2章 不利天气条件下山区高速公路路侧事故统计特征

2.1 典型山区高速公路不利天气

不利天气是基于"理想"天气条件而言的，任何气象、气候条件相对于"理想"天气条件有所改变的天气状况，均可称为不利天气条件（He et al., 2012）。不利天气主要指雨、冰雪和雾天等天气。雨天路面潮湿，车辆制动距离大大增加，在低洼积水路段，高速行驶的车辆容易因方向失控而引发事故；冰雪天路面积雪打滑，尤其是在陡坡、隧道进出口、桥梁等路段形成的冰冻薄层，导致路面摩擦系数降低，高速行驶车辆紧急制动时极易发生侧滑甩尾事故（燕南等，2010）；大雾或大雨造成能见度降低，致使交通流速度下降、交通阻塞、事故多发（叶俊明等，2010）。在一些高海拔山区，气候条件更是复杂，时而晴空万里，时而狂风暴雪，团雾天气常见，致使道路路面的摩擦系数与能见度急剧下降，加上高海拔地区气压低、空气密度小，车辆的动力性能也会下降，从而严重影响山区高速公路的行车安全。

2.1.1 事故样本

作为江西省境内贯通南北的重要交通走廊和珠江三角洲经济区北上的主通道之一，大广高速泰赣段（简称泰赣高速）起于泰和县马市镇，与樟吉（樟树—吉安）高速相接，经吉安市泰和、万安、遂川三县，止于南康市龙岭镇，并与大广高速赣州至定南段相连，全长127.65km。该段近年来交通量增长迅速，其中重载过境货车约占40%，交通压力巨大。同时，沪昆高速昌金段（简称昌金高速）及京福高速温沙段（简称温沙高速）均位于山岭重丘区，部分路线设

计指标在个别困难路段采用极限值，易造成事故。江西省这三条山区高速公路
位置如图 2-1 所示。

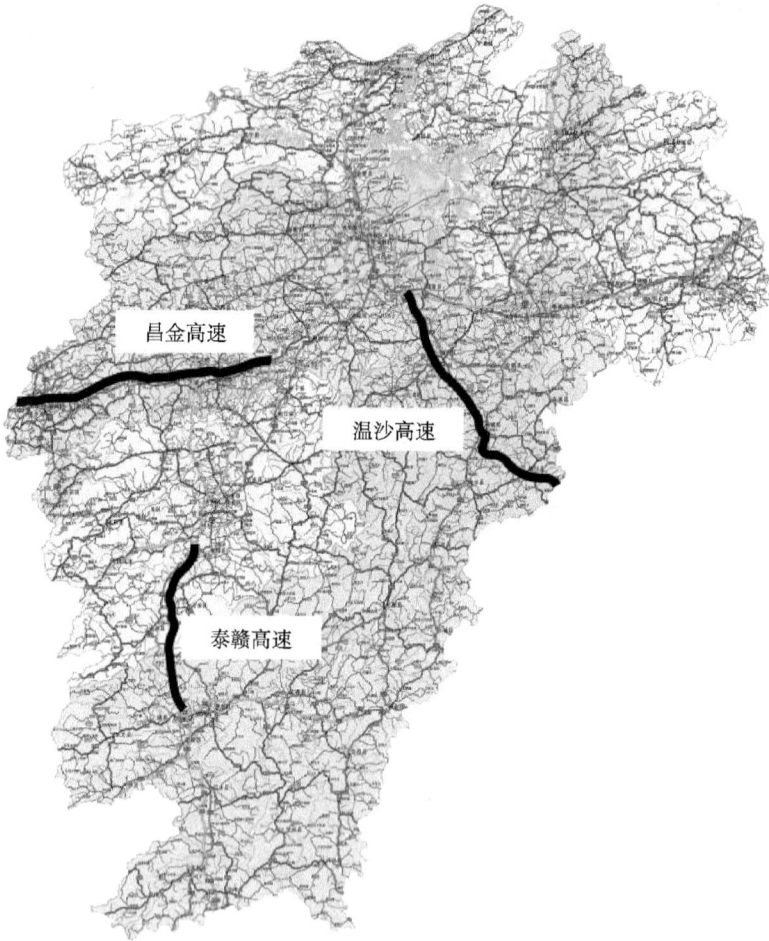

图 2-1　江西省山区高速公路位置

　　根据山区高速公路的技术特点和交通流特征，本书作者于 2012 年 7 月开展
了事故数据调研工作，共收集了 2006 年 1 月至 2012 年 7 月间 2964 起事故数据，
其中泰赣高速 K2951～K3044 段（含厦蓉高速 K0～K446 段）一般事故 481 起、
简易事故 1460 起，昌金高速 K905+000～K982+600 段一般事故 182 起、简易事
故 841 起，事故信息包括事故的编号、时间、地点、桩号、形态、受伤人数、

死亡人数、直接财产损失、认定原因，涉及驾驶员的年龄、驾龄、性别及事故车辆类型、品牌等。

注：按《道路交通事故认定书》规定，一般事故指有伤亡或单方直接经济损失大于 5000 元、情节复杂的事故，简易事故指无人员伤亡且单方直接经济损失小于 5000 元、情节简单的事故。

2.1.2　设计及交通量资料

本书收集了 3 条山区高速公路的设计资料，包括平曲线线形（半径、转角）、纵曲线线形（坡度、坡长、纵曲线半径、超高）及横断面线形（车道数目、路肩宽度、路肩结构），其中泰赣高速为 K2915+550～K2932+475、K2932+475～K2947+600、K2947+600～K2964+500、K2964+500～K2973+500、K2973+500～K2982+500、K2982+500～K2998+000、K2998+000～K3013+000、K3028+000～K3043+700 八个标段，昌金高速为 K913+700～K927+500、K927+500～K942+700、K955+000～K965+500、K973+243.131～K982+875.278 四个标段，温沙高速为 K172+200～178+266 标段。

交通量大小及分布区段对事故的发生影响显著。本书收集了 3 条高速公路的交通量资料，其中，昌金高速交通量资料为 2006～2011 年出入口月交通量（辆/月）；泰赣高速交通量资料为 2004 年和 2005 年的年交通量（辆/年），2006～2009 年分车型月交通量（客一、客二、客三、客四、货一、货二、货三、货四、货五、货六，单位为辆/月），2010 年和 2011 年分车型年交通量（辆/年）及长大下坡段（K2977～K2967），2010 年 1 月～2012 年 6 月断面分车型月交通量（辆/月）；温沙高速交通量资料为黎川、南城、熊村 3 个收费站出入口 2008～2011 年每年 7 月的日交通量（辆/日）。同时，收集了 3 条高速公路的养护管理资料。

2.1.3　交通环境实地踏勘

本书对 3 条高速公路典型路段的路侧环境进行了实地踏勘，采集了路侧障碍物（护栏、隔离墩、标志牌、绿化植被等）、边沟、边坡防护、路面标线、避险车道等基础信息，重点对交警部门认定的事故多发路段（长大下坡、小半径曲线）进行了详细勘测。

2.1.4 交通环境影响分析

图 2-2 给出了泰赣与昌金两条高速公路在各种天气条件下的路侧事故统计情况，可见简易事故与一般事故中晴天所占比例分别为 32% 和 36%，而非晴天所占比例分别为 68% 和 64%。图 2-3 给出了事故与路面状况关系的统计结果，由此可见，冬季山区高速公路的路面结冰和积雪是造成事故的首要原因，雨天和雾天路面潮湿也是造成事故的重要原因。

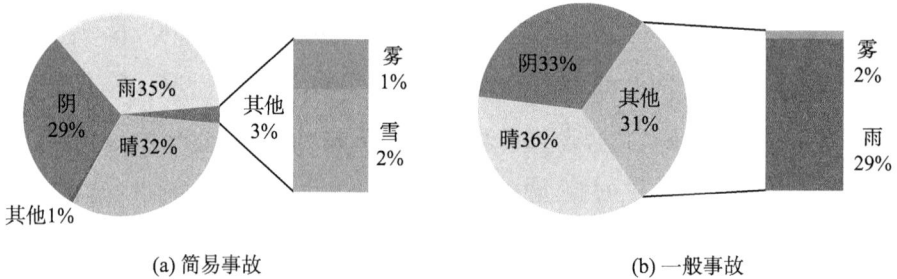

(a) 简易事故　　　　　　　　　　　(b) 一般事故

图 2-2　在各种天气条件下的路侧事故统计

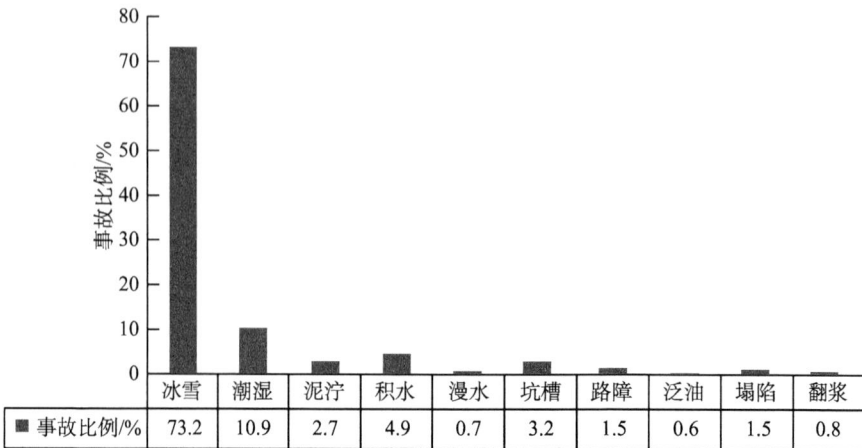

	冰雪	潮湿	泥泞	积水	漫水	坑槽	路障	泛油	塌陷	翻浆
■ 事故比例/%	73.2	10.9	2.7	4.9	0.7	3.2	1.5	0.6	1.5	0.8

图 2-3　事故与路面状况的关系

1. 雨天环境影响分析

对山区高速公路而言，不利天气因素影响显著，其中雨天占较大比例。从泰赣与昌金两条高速公路在各种天气条件下的事故统计比例中可以看出，雨天引起的简易事故和一般事故所占比例都比较大。降雨会在空气中形成水雾，使能见度大幅度下降。同时，由于空气潮湿，会在车辆挡风玻璃和车窗上形成薄雾，也会在后视镜上形成大量水滴，对驾驶员视线干扰较大，影响对前方路况和交通标志的辨识能力。降雨也会造成路面积水，降低路面摩擦系数，在车辆高速行驶过程中可能出现滑水、甩尾等状况，而且制动距离将大大增加，容易造成交通事故。有时暴雨还会引发滑坡、泥石流等自然灾害，同时雨天中视距和路面标线的可视距离也会降低，这些均为事故隐患。值得注意的是，由于小雨致使路面更加湿滑，且驾驶员对小雨的重视程度不如暴雨，因此小雨比暴雨的潜在危险性更大。

2. 冰雪天环境影响分析

从事故与路面状况关系的统计结果中可以看出，冰雪引起的事故比例为73.2%，降雪对山区高速公路路面状况影响较大。降雪时能见度较低，对驾驶员视线干扰较大，影响驾驶员对路面标线、交通标志和前方路况的辨识能力。路面积雪会降低路面摩擦系数，尤其在高海拔地区，极易形成风吹雪路段，积雪在车辆碾压作用下，表面会变得坚硬、光滑，影响车辆制动距离和控制性能，极易发生事故。当晴天时，路面积雪会反射光，造成驾驶员眩光，影响视距，严重影响山区高速公行车安全。

3. 雾天环境影响分析

2010 年 10 月 15 日至 12 月 31 日，江西省高速公路有 32 天雾天（其中 15 天全省大范围大雾天气，17 天全省局部地区大雾天气）。期间，按交通事故 24 小时快报统计，共发生交通事故 39 起，造成 39 人死亡；按交通事故全部统计方式，共发生交通事故 42 起，造成 54 人死亡。

造成以上事故发生的主要原因如下。

（1）雾天道路能见度降低，尤其在浓雾期间，能见度极低，路侧景物模糊不清，驾驶员无法根据参照物判断车速，因此无法把握好车速，潜意识里认为车速不高，致使超速行驶引起事故。雾天也会给驾驶员造成一定的心理压力，使得驾驶员疲劳、紧张，发生意外时很容易采取不当的措施致使事故发生。

（2）由于雾天空气中悬浮着大量小水珠，对光线有很强的散射和吸收作用，使得在雾天条件下物体轮廓的清晰度降低，驾驶员对前方路况、可变情报板、交通标志和后方车辆的辨识困难，无法保持车辆安全行车间距，影响驾驶员的观察和判断能力，易引发连环追尾事故。

（3）雾天空气湿度大，小水滴会在路面形成一层薄膜，降低轮胎与路面的摩擦力，增加车辆制动距离，也会引发追尾事故。

（4）山区高速公路上经常出现"团雾"，"团雾"的"象鼻"曲线规律很难预测，驾驶员难以提前得到警示信息，易引发重大交通事故（杜殿虎，2011）。

2.2 雨天路侧事故特征统计

国内外大量高速公路交通事故统计分析资料表明：在降雨天气条件下，交通事故发生率较高。由恶劣天气引发的交通事故占事故总数的 1/4 左右，并且很容易造成由一起事故引发另一起或一连串的事故。路上有雨水时，路面摩擦力变小，特别是夜晚能见度低，都是事故发生的诱因所在，而且客观上均属于不可抗拒的自然因素（李觅佳，2014）。

在山区高速路段，行车安全更易受降雨等不利天气影响，频繁的降雨使路面湿滑，在长大下坡、急弯陡坡、隧道群及排水不畅路段，存在重大安全隐患。雨天行车视线障碍较大，并且雨天情况下的路面摩擦系数不到干燥铺装路面的一半，因此车轮极易打滑。另外，在干燥水泥路面上，车辆加速，摩擦系数几乎没有变化；而在潮湿水泥路面上，随着车速增加，路面的摩擦系数急剧减小，如表 2-1 所示。同时，雨天也会导致车辆制动距离逐渐增大，如表 2-2 所示，这对行车安全造成极为不利的影响（刘俊德，2012）。

表 2-1　不同状况下的道路摩擦系数

道路状况	摩擦系数
干燥水泥路面	0.7～1
潮湿水泥路面	0.4～0.6
下雨开始时	0.3～0.4

表 2-2　不同车速下的制动距离

车速/(km/h)	制动距离/m	
	干燥沥青混凝土路路面	潮湿沥青混凝土路路面
50	12.3	24.6
60	17.8	35.5
70	24.0	48.2
80	31.5	63
90	39.9	79.7
100	49.2	98.4
110	59.5	119.1

　　汽车在干燥的路面上行驶，轮胎与干燥的路面接触时，可以获得较高的摩擦系数。降雨使路面覆盖一层水膜，车辆在道路上行驶，轮胎接地面处只有一部分直接与路面接触，其余部分是通过水膜接触路面的，水在这里起着润滑剂的作用，影响轮胎与路面间的摩擦系数，水膜介入的部分越大，摩擦系数越低。这就导致汽车制动距离增加，转向受限，很容易发生侧滑，偏离正常的行驶方向。如果进一步提高车速，最终将导致轮胎与路面完全失去接触，轮胎便在路面的积水上面向前滑动，这就是轮胎滑水现象。同时，降雨初期和过后，路面干湿不一，或有积水，造成路面摩擦系数不均。特别是降雨初期，在尚未形成路面径流冲刷路面之前，雨水与路面上的污染物混合在一起形成稀泥浆状，导致路面摩擦系数发生变化。其变化大小与路面的污染（如灰尘、微小颗粒等）程度有关，从而导致车辆的制动性变差，而且很不稳定，如果此时还是按照晴天

的情况处理遇到的问题，则很容易发生交通事故，由此造成事故的危险性也增大。当车辆处于急弯陡坡路段上时，事故后果将更严重，容易造成群死群伤的情况（王晨，2013）。

同时，雨水易造成路面积水和视线不良。雨天车辆在高速公路行驶时，因轮胎与路面间的积水不能及时排出，水的阻力使轮胎上浮，严重时将产生滑水现象，易造成车辆失控，导致事故发生。当轮胎花纹沟槽变浅或胎压变低时，更易发生这种危险（牟颢，2013）。

雨天潮湿路面对光线的反射作用致使路面上的车道线难以看清，使驾驶员视野整体降低，而视线触及范围也因雨刮滑动部分的限制而缩小。阴雨天气相对来说天色较暗，驾驶员的视线会受到很大的影响，造成判断上的失误。在视线不佳的情况下，驾驶员注意力过于集中在路标、匝道口上，反而容易忽略车头、车距，如果紧急制动，就容易造成调头或撞固定物等事故。

降雨使能见度降低，驾驶员视线模糊不清，会影响正确判断，同时产生溅水和喷雾，影响跟随车辆的能见度。下暴雨时，天气的突然变化使得前后挡风玻璃产生雾气，驾驶员的视线会受到影响。尤其是下暴雨时，雨刮器不能有效地刮净挡风玻璃上的雨水，令驾驶员眼前模糊不清。在穿越积水路段时，车轮和积水接触所产生的水花不但影响了驾驶员本身的正常驾驶，而且大货车通过积水路段时产生的水花可让与它并行的小汽车视线完全受阻。同时，暴雨突然来临的天气变化也使得整个车内空气变闷，驾驶员心情变得烦闷、暴躁，也在一定程度上影响驾驶。关于这一点，在驾车时间不长、经验不足的一些驾驶员身上体现得尤为明显。另外，因为雨天潮湿路面的光线反射作用，路面上的车道线难以看清，整体视野降低。在高速行驶中，前车或超越车辆飞溅起来的水花经常会弄脏后视镜和挡风玻璃，两眼能看清的范围仅限于雨刮器滑动部分，因此视野变窄，且湿气使车窗玻璃蒙上一层薄雾而模糊不清，严重影响后视效果。驾驶员在强风的雨天或暴雨天气出行，会本能地提高警惕而控制车速。但是在普通雨天，驾驶员放松警惕，认为在这种场合下行车与晴天没什么区别，这也是造成雨天事故多发的原因之一。

　　雨天大多数交通事故是由于驾驶员操作不当而造成的，很少是由机动车机械故障造成的。这也就是说，大多数的交通事故是由于驾驶员的过错或过失而造成的。在造成交通事故的诸多因素中，人为因素是第一位的。降雨初期，驾驶员对路况的突然改变不能马上适应，对车辆前方的路况也很难做出一个正确的判断，如进入积水区、雨雾区等比较危险的路段而不能采取相应的措施，导致交通事故发生的概率较大。但由于路况是突然改变的，一般情况下驾驶员都会采取一些措施，如检查车辆制动效果、降低车速等，这一时期发生交通事故造成的损失一般都较小，重特大交通事故发生的概率也相对较小。形成持续降雨以后，驾驶员对路况也比较熟悉了，遇到各种情况也能很好地应对，这一阶段发生交通事故的概率会相对较小。雨过天晴，路况变好了，视线也变好了，同时驾驶员的警惕性也容易降低，导致交通事故发生的概率增加。这一阶段发生的交通事故大多是由超速行驶造成的，因此造成的损失也就相对较大，重特大交通事故发生的概率也就相对较高（刘力力，2013）。

　　本书选取江西省井睦高速、泰赣高速、昌金高速等路段事故数据，经过统计，降雨天气事故发生形态统计如图 2-4 和图 2-5 所示。

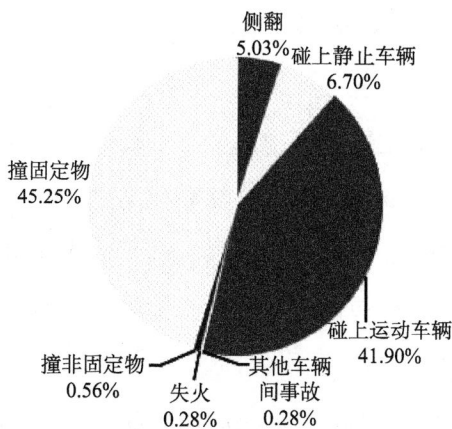

图 2-4　简易事故发生形态

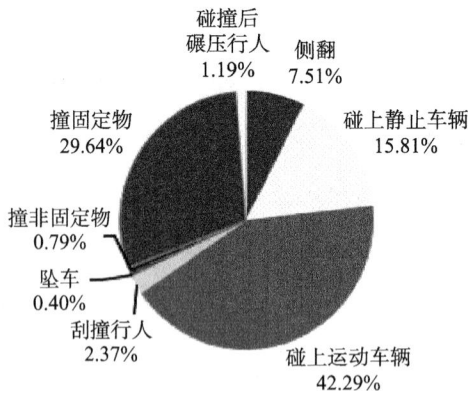

图 2-5　一般事故发生形态

由上述统计资料可以看出，雨天车辆易发生侧滑、追尾、操作不当，造成事故发生。同时，由于降雨使道路能见度降低，天色较暗导致视线不佳，水花、水雾也会对驾驶带来一定影响，造成碰撞、刮撞车辆和行人，导致事故发生。简易事故中，撞固定物比例达到 45.25%；一般事故中，撞固定物比例为 29.64%。可见，路侧事故占事故总量的比例较高，且相当一部分是因为路面湿滑、视距不良、操控不当引起的侧滑以及制动距离不足等。

2.3　雾天路侧事故特征统计

2.3.1　雾的定义和分类

雾是由大量悬浮在近地面空气中的微小水滴或冰晶组成的溶胶系统。按雾形成的不同原因分类，主要可以分为冷却雾和蒸汽雾两大类（台德清，2008）。

（1）冷却雾根据冷却原因可以分为辐射雾、上坡雾和平流雾三类。

辐射雾：近地面的空气温度迅速下降，如果空气中水汽较多，就会很快达到过饱和而凝结成雾。

上坡雾：潮湿空气沿坡上升，绝热冷却使空气达到过饱和而产生的雾。

平流雾：它是由于当温暖潮湿的空气移动到冷空气的下垫面上时，低层空气达到过饱和而凝结成的。雾一旦形成，就会持续很久。无风或风向转变，潮湿空气来源中断，雾就会立刻消散。平流雾的特征一般为：日变化不明显，季节变化较为明显（春夏多、秋冬少）。平流雾一般范围广而且深厚，出现平流雾时常伴有层云、碎雨云和毛毛雨等天气现象，一般天气较稳定。

（2）蒸汽雾是暖水面蒸发出的大量蒸汽闯进冷空气凝结而形成的。常出现在高纬度的北极地区和内陆湖滨地区。

雾的种类及分类依据如表 2-3 所示。

表 2-3　雾的种类及分类依据

分类依据	种类
形成原因	冷却雾（上坡雾、平流雾、辐射雾）、蒸汽雾
相态	水雾（水滴组成）、冰雾（冰晶组成）、水冰混合雾（水滴伴冰晶组成）
强度	重雾（能见度<50m）、中雾（能见度 50～200m）、轻雾（能见度 200～100m）
厚度	地面雾（高度＜2m）、浅雾（高度 2～10m）、中雾（10～100m）、深雾（高度>100m）
温度	冷雾（雾中温度<0℃）、暖雾（雾中温度>0℃）
天气学机理	锋面雾（锋前雾、锋区雾和锋后雾）、气团雾（上坡雾、辐射雾、平流雾、蒸汽雾）
局地污染影响	城市烟雾、光化学烟雾

2.3.2　雾天行车事故形态

由于我国的高速公路一般采用分隔行驶，特别是在采用了中央分隔带的高速公路上，雾天发生的事故以车辆间碰撞的追尾事故居多。现对江西省雾天交通事故形态的分析如下。

1. 一般事故

根据对江西省历年雾天条件下行车事故的分析，发生一般事故的形态一共有六类，包括侧翻、刮撞行人、滚翻、撞固定物、碰撞静止车辆和碰撞运动车辆。其中，发生频率较高的两类事故为撞固定物和碰撞运动车辆，所占比例分别为 19% 和 57%。雾天高速公路一般事故形态分布如图 2-6 所示。

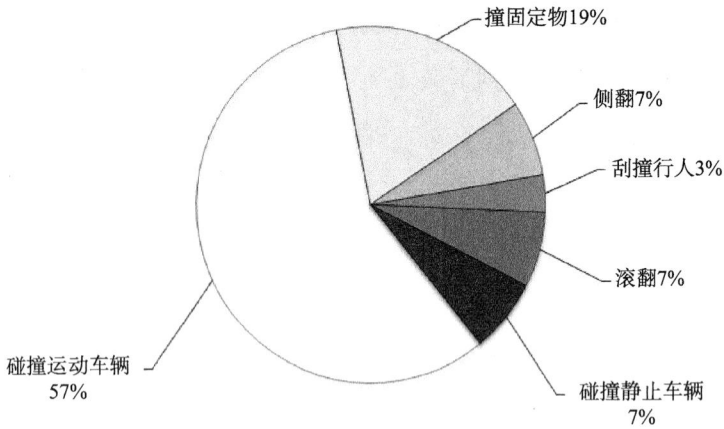

图 2-6　江西省雾天高速公路一般事故形态分布

2. 简易事故

江西省雾天高速公路简易事故形态主要有侧翻、碰撞运动车辆、碰撞静止车辆和撞固定物这几类。其中，撞固定物、碰撞运动车辆和侧翻这三类事故的发生频率较高，所占比例依次为 65%、16% 和 10%。雾天高速公路简易事故形态分布如图 2-7 所示。

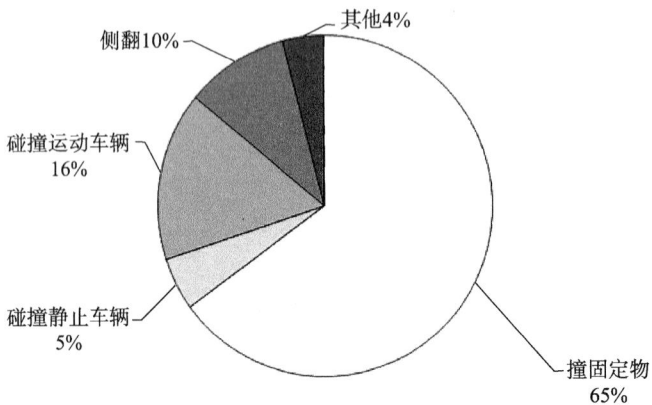

图 2-7　江西省雾天高速公路简易事故形态分布

2.3.3　雾天行车事故特点

1. 事故类型单一

高速公路是设有中央分隔带的双向交通形式下的一种快速交通载体，因追尾而发生的事故居多。如果只是设有中央分隔标线，那么因正面相撞而产生的事故也占有很大的比例。中央分隔带是为避免高速公路交通事故而采取的一种人性化措施，避免了诸如行人过街等原因而产生的交通事故。

2. 驾驶难度高

雾的存在使驾驶员在驾车行驶时，易产生错觉，很容易发生严重的交通事故。如果不清楚雾区的特点，不具备对雾的适应能力，则刚驶入高速公路时，会产生一种心理压力，致使驾驶员心态不平稳。在雾天能见度很低时，驾驶员即使注意了前方行车，却由于很难辨别和躲避后方行车，通常会导致后方车辆追尾等隐形事故出现。此外，由于驾驶员在雾天行车时，很容易因精力过度集中而产生视力疲劳，导致事故频繁发生。

3. 回避空间小

对汽车动力学制动理论研究发现，高速公路上行驶的车辆速度稳定，车辆间距大于或等于最小安全间距时，都不会有交通事故产生。而在雾天，驾驶员会由于在驾车行驶变换车道或加减速时，因反应时间缩短而造成事故前补救措施的准备不足，大大提高了事故的不可回避概率。相同条件下，一级公路及其他等级雾天交通事故发生率要降低很多，事故回避空间较大，而且事故救援也较容易。

4. 事故后果严重

由于在高速公路上昼夜车流量比较大，同向车流变换车道行驶时存在很大的安全隐患。特别是在雾天，侧面碰撞事故发生概率更高。因为高速公路车流大，连环相撞事故情况时有发生，所以伤亡人数往往比较多。由于救援措施不足，救援时间较长，造成经济损失巨大，事故后恢复通行难度也比较大。而在一般公路上，很少有这种连环相撞事故发生的，事故救援难度和恢复通车的难度也较小，经济损失和人员伤亡都较小。

2.3.4 雾天行车事故原因

1. 能见度下降

雾天导致能见度下降可由下式来解释（黄身森，2013）：

$$k = \frac{B_0 - B_b}{B_0} \qquad (2-1)$$

$$k' = \frac{(B_0 + B_b) - (B_b + b)}{B_0 + b} \qquad (2-2)$$

式中，k 为目标与背景之间的实际反差；k' 为雾中感受到的反差度；B_b 为背景亮度；B_0 为目标亮度；b 为模糊亮度。

雾对能见度的影响可归纳为两点：一是光线减弱引起道路和障碍物表面的照度下降；二是散射光线形成的沿驾驶员视线的发光大气层引起反差度显著下降，从而使能见度下降。

2. 路面摩擦系数减小

由于大雾通常发生在夜间和早晨，因此这段期间内温度较低，空气湿度较大。又由于沥青、水泥属于温度系数较小物质，空气中的水分容易在路面上凝结成一层薄薄的水膜，降低了路面摩擦系数。尤其在冬季，水分易在路面形成一层薄冰，大大降低了路面的摩擦系数，使行驶中车辆的制动能力和抗侧滑能力都大为降低，容易出现制动距离延长、行驶打滑和制动跑偏等现象。不同条件下高速公路路面摩擦系数见表2-4。

表 2-4　不同条件下高速公路路面摩擦系数

摩擦指数	抗滑性能	摩擦系数	对应路面状况
1 级	良好	≥0.65	常温、干燥、无杂质
	正常	0.56~0.64	潮湿、少量积水、低温
2 级	稍差	0.51~0.55	积水、低温
3 级	较差	0.41~0.50	积水、浮雪、霜
4 级	很差	0.31~0.40	积雪
5 级	极差	≤0.30	结冰

2.3.5　雾天对行车安全的影响

人、车、路和环境是影响交通安全的四大因素。下面分别从这四个方面，分析雾天对交通安全的影响（Bendersky et al.，2004）。

1. 对人的影响

人是交通安全的主体，这里的人主要指的是驾驶员。良好的视力和高度集中的注意力是每个驾驶员必备的生理和心理素质。驾驶员的反应能力因人而异，反应时间很大程度上取决于与前方车辆的距离、车速、道路条件，以及前方车辆的颜色和轮廓。研究表明，对于 90%的驾驶员，2.5s 的反应时间已经足够。驾驶员在雾天发现并识别前方车辆或障碍物时，采取的措施主要包括发现并锁定前方目标物和转移视线两个环节，这是一个看似简单，实际却又复杂的过程。这个时间的长短，直接决定着交通事故的发生与否和严重程度。

2. 对车辆的影响

车是交通事故的另一重要载体。雾天高速公路上，由于前方车辆后视镜表面经常会笼罩一层雾颗粒，导致驾驶员对后方车辆的运行状况不能清楚观察、前后间距不能准确判断，致使在换道行驶或躲避前方障碍物时，易发生追尾或侧翻等重大事故。同样，由于后方车辆不能准确观察和掌握前方车辆轮廓尺寸、颜色、车尾灯的状态及制动性能，经常会因车速太快，导致与前方车辆追尾。

3. 对道路的影响

（1）由于高速公路上交通流量比较大，行车密度大，因此应该减少诸如纵坡、路边广告和交通管理设施等干扰驾驶员视线的因素，增设情报板、标线和广播等有效提示信息。

（2）良好的道路平纵线性设计和合理的构造物位置设置都是雾天行车安全要考虑的重要因素。

（3）改善和提高高速公路的路面条件，使其能够提供足够的汽车制动摩擦力。研究表明，不同轮胎类型、路面类型、粗糙度和潮湿情况都是影响路面摩擦系数变化的因素，且摩擦系数随着车速的增大而减小。

4. 对驾驶环境的影响

高速公路在雾天条件下能见度低，严重影响驾驶员的视线，使突然进入雾区的驾驶员很容易产生恐慌感；且雾滴和油泥掺杂在一起，使轮胎的附着能力下降，容易打滑，增大了制动距离。在这两个因素的作用下，增加了交通堵塞和交通事故发生的可能性。

综上所述，影响雾天高速公路行车安全的因素有很多种。人、车、路和环境是交通事故的主要载体，为最大可能减少或避免交通事故的发生，必须重点从这四个因素出发，分析并统筹考虑，研究制定一套科学、合理的限速控制措施。同时，这也是提高雾天条件下高速公路通行能力的有效途径。

2.4　冰雪天气路侧事故特征统计

冰雪对山区高速公路路况影响较大，尤其在高海拔地区，极易形成风吹雪路段，日积月累的积雪在车辆碾压作用下，表面会变得坚硬、光滑，路面摩擦系数极低，严重影响道路行车安全性（李慧云，2012）。冰雪对山区高速公路日常交通的影响见表2-5。

表 2-5　冰雪对山区高速公路交通运行的影响

冰雪现象	对车辆行驶的影响
降雪或风雪流	妨碍车辆行驶，影响视距
积雪	
风吹雪堆	驾驶困难，易发生事故
路面结冰	
雪花覆盖标志	弱化标志作用，降低车速
积雪荷载	可能破坏防护工程
雪崩	阻断交通
路面冻胀	妨碍行驶
冰雪融化	边坡可能崩垮，影响道路条件

　　在所调查的路侧事故数据中，冰雪天气下发生的事故一共 177 起，其中简易事故 117 起，一般事故 60 起。表 2-6（1）～（4）和表 2-7（1）～（5）为简易事故和一般事故分布特征。

表 2-6（1）　简易事故全天时间（24h）分布特征

时间	数量/起	时间	数量/起
0:00～1:00	2	12:00～13:00	2
1:00～2:00	2	13:00～14:00	2
2:00～3:00	3	14:00～15:00	3
3:00～4:00	3	15:00～16:00	5
4:00～5:00	4	16:00～17:00	3
5:00～6:00	3	17:00～18:00	8
6:00～7:00	4	18:00～19:00	7
7:00～8:00	2	19:00～20:00	10
8:00～9:00	6	20:00～21:00	5
9:00～10:00	8	21:00～22:00	4
10:00～11:00	3	22:00～23:00	15
11:00～12:00	11	23:00～24:00	2
事故总数/起			117

表 2-6（2）　简易事故周分布特征

时间	数量/起
周一	13
周二	11

时间	数量/起
周三	20
周四	22
周五	16
周六	19
周日	16

表 2-6（3）   简易事故的事故形态分布特征

事故形态	数量/起
侧翻	7
碰撞静止车辆	12
碰撞运动车辆	58
其他车辆间事故	2
撞非固定物	1
撞固定物	37

表 2-6（4）   简易事故的事故起因分布特征

事故起因	数量/起
违法变更车道	5
低能见度	25
在应急车道上行驶	1
过度疲劳	5
不按规定车道行驶	4
超速	31
施工路段不减速	1
机动车不符合技术标准	2
不按规则让行	1
未保持安全距离	42

表 2-7（1）   一般事故全天时间（24h）分布特征

时间	数量/起	时间	数量/起
0:00～1:00	1	12:00～13:00	2
1:00～2:00	0	13:00～14:00	0
2:00～3:00	1	14:00～15:00	2
3:00～4:00	3	15:00～16:00	1
4:00～5:00	2	16:00～17:00	2
5:00～6:00	1	17:00～18:00	6

时间	数量/起	时间	数量/起
6:00～7:00	5	18:00～19:00	2
7:00～8:00	2	19:00～20:00	1
8:00～9:00	6	20:00～21:00	3
9:00～10:00	2	21:00～22:00	8
10:00～11:00	3	22:00～23:00	4
11:00～12:00	1	23:00～24:00	2
事故总数/起		60	

表 2-7（2）　一般事故周分布特征

时间	数量/起
周一	13
周二	7
周三	15
周四	8
周五	6
周六	1
周日	10

表 2-7（3）　一般事故伤亡人数

受伤人数	死亡人数
133	10

表 2-7（4）　一般事故的事故形态分布特征

事故形态	数量/起
侧翻	10
滚翻	4
碰撞静止车辆	13
碰撞运动车辆	32
撞固定物	1

表 2-7（5）　一般事故的事故起因分布特征

事故起因	数量/起
违法变更车道	2
低能见度	32
过度疲劳	6
超速	5
未保持安全距离	6
其他妨碍安全行为	9

由表 2-6 和表 2-7 可见冰雪天气条件下事故有如下几个显著特点。

（1）事故伤亡人数非常高。60 起一般事故，竟然造成 133 人受伤、10 人死亡，平均每起事故造成 2.38 人伤亡。造成这种情况的原因，一方面与事故形态有关，碰撞静止车辆和运动车辆的事故数达到 45 起，占总事故数的 75%，其中大部分都是追尾碰撞，还有少量同向刮擦。死亡的 10 人全部是由这两种事故形态造成的。造成伤亡的这两种事故形态构成如图 2-8 和图 2-9 所示。

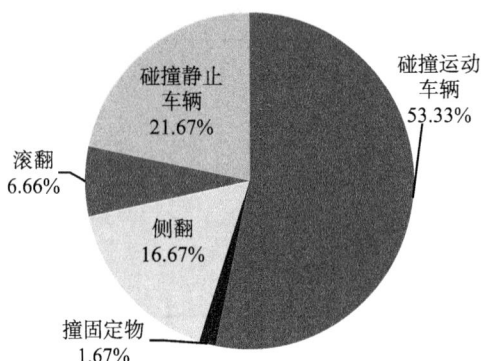

图 2-8　一般事故形态

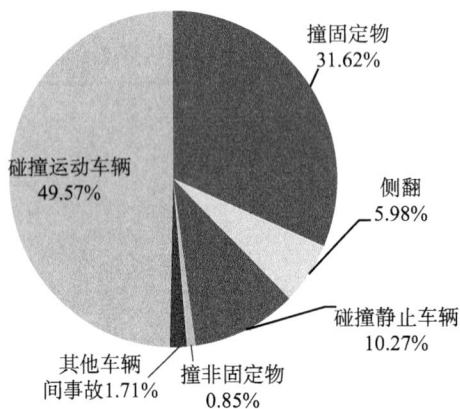

图 2-9　简易事故形态

（2）低能见度、超速、未保持安全距离为冰雪天气事故形成的主要原因。简易事故中这三种事故起因引起的事故数占总事故数的 84%，而一般事故中这三种事故起因引起的事故数也占总事故数的 71.67%。其中，冰雪天气造成能见度降低是引起事故的重要原因，在视线不佳的情况下，驾驶员注意力过于集中在路标、匝道口上，反而容易忽略车距，如果紧急制动则容易造成调头或撞固定物。而驾驶员违反规则行驶和驾驶行为不当是引起事故的最主要原因，有时山区高速公路流量小，长时间驾车容易导致驾驶员麻痹大意（Jiang et al., 2007），控制不好车速甚至超速行驶，而冰雪天路面附着了一层薄冰或有积雪，紧急制动则会引发交通事故。两种事故的起因构成如图 2-10 和图 2-11 所示。

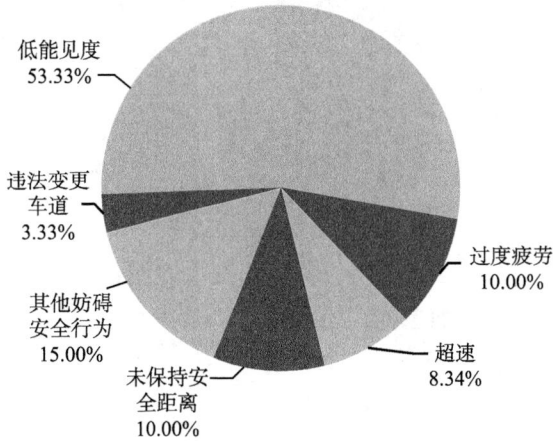

图 2-10　一般事故起因

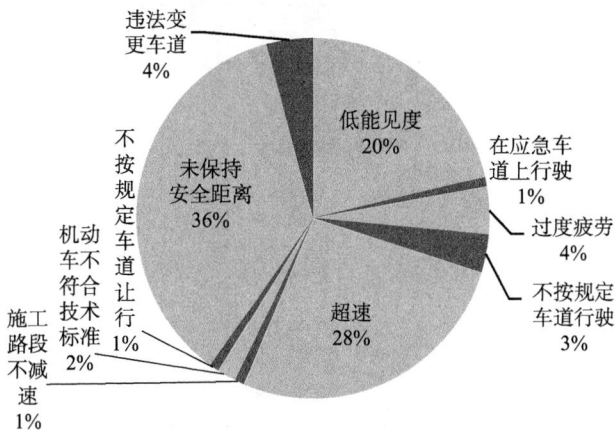

图 2-11　简易事故起因

（3）从事故的分布时间来看，事故主要发生在夜间，主要原因是夜间视距不足和过度疲劳。驾驶员精神的高度集中会导致疲劳并最终注意力分散，从而导致事故的发生。统计结果也发现，星期三和星期四的事故数较多。

（4）冰雪天气条件下事故造成的直接财产损失较多，说明事故较为严重。两种事故直接财产损失分布如图 2-12 和图 2-13 所示。

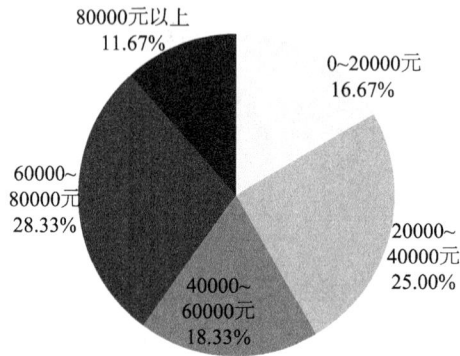

图 2-12　一般事故直接财产损失

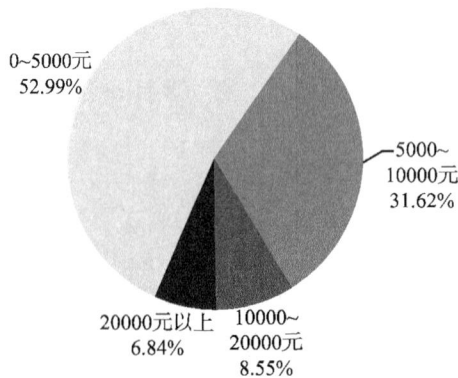

图 2-13　简易事故直接财产损失

参 考 文 献

杜殿虎, 2011. 山区高速公路交通安全保障理论与方法[D]. 西安: 长安大学博士学位论文.
黄身森, 2013. 雾天环境下高速公路行车安全与预警技术研究[D]. 西安: 长安大学硕士学位论文.

李慧云, 2012. 冰雪条件下公路限速研究[D]. 哈尔滨: 哈尔滨工业大学硕士学位论文.

李觅佳, 2014. 基于不良天气因素影响下山区高速公路事故多发点鉴别[D]. 西安: 长安大学硕士学位论文.

刘俊德, 2012. 灾害条件下高速公路行车安全管理技术研究[D]. 西安: 长安大学博士学位论文.

刘力力, 2013. 不利天气条件下城市交叉口交通流特征参数研究[D]. 北京: 北京工业大学硕士学位论文.

牟颢, 2013. 山区高速公路路侧安全影响分析[D]. 西安: 长安大学硕士学位论文.

台德清, 2008. 雾天高速公路交通管制方法及对策研究[D]. 成都: 西南交通大学硕士学位论文.

王晨, 2013. 山区高速公路交通安全分析与设施保障技术研究[D]. 西安: 长安大学博士学位论文.

燕南, 谭景文, 戴琪, 2010. 冰雪天气下道路交通事故成因及安全保通对策[J]. 华东公路, (3): 21-23.

叶俊明, 刘涛, 黄勇,等, 2010. 冰雪、大雾天气下的交通安全保障设施研究[J]. 道路交通与安全, (4): 56-60.

BENDERSKY S, KOPEOKA N, BLAUNSTEIN N, 2004. Effects of attenuation of 1.064-μm optical waves by humid aerosols and fog over horizontal atmospheric communication links[J]. Optical Engineering, 43(3): 539-552.

HE Y, DING B, 2012. Research on Attenuation Simulation of Highway Traffic Capability in Snow and Ice Condition[J]. Forest Engineering, 2: 18.

JIANG X, PEI Y, 2007. Analysis of the Characters and Strategies of Road Transportation Safety in the Cold Region of China[J]. Journal of Transportation Systems Engineering & Information Technology, 7(4): 82-89.

第3章 不利天气条件下山区高速公路路侧事故的关系

3.1 累积降雨量与路侧事故统计指标的关系

3.1.1 研究区域总体降雨量特征

雨的表现形态有很多种，如毛毛细雨、连绵不断的阴雨、倾盆而下的阵雨等。雨的大小通常用降雨强度来表示，即单位时间内的降雨量，单位为mm/h 或 mm/min。

依据降雨强度，降雨可分为小雨、中雨、大雨和暴雨，见表 3-1 所示。

表 3-1 降雨等级划分

降雨等级	1h 内降雨量/mm	12h 内降雨量/mm	24h 内降雨量/mm
小雨	<2.5	<5	<10
中雨	2.6～8.0	5～14.9	10～24.9
大雨	8.1～15.9	15～29.9	25～49.9
暴雨	≥16	≥30	≥50

本书选用赣州市、泰和县、南康市等地市气象站 2008～2012 年降雨资料为基础资料，将各气象站同期降雨量进行分析，得到上述地区降雨量统计值，如表 3-2 所示。

由统计数据可以发现，江西省各地区降雨量的变化量大，说明降雨量的时空变化大，降雨量存在明显的不确定性。

表 3-2　江西省部分地区降雨量统计特征

时间	样本数	降雨量/mm			
		平均值	最大值	最小值	标准差
年（1～12 月）	48	1587.8	2237.1	1049.3	284.5
春季（3～5 月）	48	622.4	988.0	274.7	152.5
夏季（6～8 月）	48	537.9	907.1	269.2	145.3
秋季（9～11 月）	48	220.7	494.0	75.0	96.5
冬季（12 月至翌年 2 月）	48	203.5	222.8	68.7	96.0
汛期（4～6 月）	48	700.5	1163.4	332.0	157.2
伏秋旱季（7～9 月）	48	392.6	813.6	216.0	129.1

3.1.2　路面水膜与轮胎附着性能研究

汽车在雨天中行驶，由于水膜的润滑作用，轮胎与路面间的附着系数将受到影响。附着系数是指在给定路况下，轮胎与路面之间的最大静摩擦系数。此时接路面可粗略地分为 3 个区域，如图 3-1～图 3-3 所示。

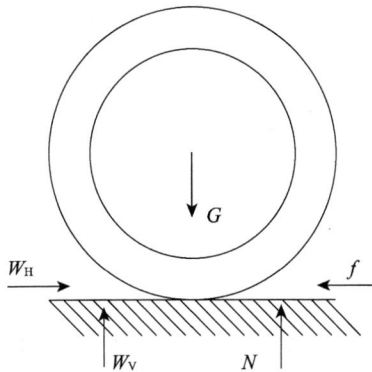

图 3-1　部分滑水时轮胎的受力

轮胎胎面与路面接触前部为入口区，即轮胎前路面的连续水膜区，是由高速行驶的车轮作用在路面积水上所引起的水的惯性力和黏滞阻力所形成的，在汽车行驶过程中起到一种动水压力润滑作用。在此区域内胎面与路面完全被水膜隔离，汽车转向性和操纵性受到影响。轮胎胎面接触中部称为覆盖区，此区

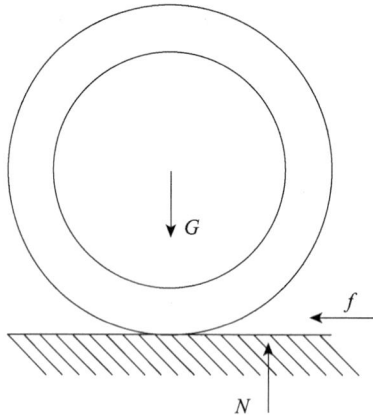

图 3-2 低速滑行时轮胎的受力

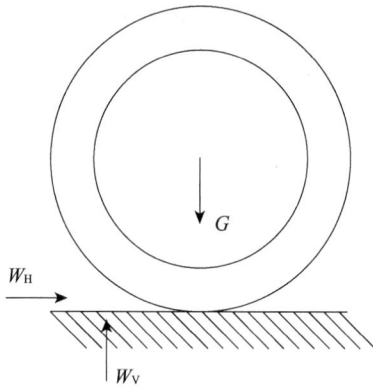

图 3-3 完全滑水时轮胎的受力

域在车轮的挤压作用下水膜被扩散并逐渐减薄，因为路面构造凹处尚有水膜存在，路面构造凸处水膜已被破坏形成无水区，所以覆盖区为不完全干燥区或干湿过渡。轮胎胎面接触后部称为牵引区，在此区域水分几乎被全部挤出，接近于干燥状态，胎面单元的法向平衡得到维持，并对汽车产生有用的牵引力。

当这三个区域同时存在时，附着力主要存在于牵引区，其次是覆盖区。在入口区不但不产生附着力，而且由于水层被挤压，动水压力对轮胎有作用力，使轮胎产生一定的变形，改变其圆形状态。动水压力可分解为垂直分力和水平分力，其水平分力阻止轮胎前进，其垂直分力对轮胎形成向上的举力，具有使轮胎上浮的作用。

汽车低速行驶时，水的惯性力较小，动水压力的润滑作用较小，此时入口区水膜降低，抗滑力的作用并不明显。同时由于车速较低，轮胎与路面接触充分，则牵引区的接触面积较大，所提供的附着分力较大，并且此时轮胎的弹性变形量也比高速行驶时大，黏滞阻力分力也较大。因此，此时轮胎与路面间的附着系数与在干燥路面上行驶相差不大。车辆行驶速度增大时，轮胎与路面接触面积减小，由牵引区提供的有效附着力减小，再加上橡胶轮胎的弹性变形不充分，其所提供的黏滞阻力也降低，并且此时入口区的水膜由于惯性力增大而出现面积扩大和厚度增加的趋势，因此水的润滑作用加强，轮胎与路面部分接触，其间水膜的动水压力可分解为垂直分力和水平分力。其水平分力阻止轮胎前进，垂直分力对轮胎形成向上的举力，具有使轮胎上浮的作用。当垂直分力尚不足以完全使轮胎上浮时，这种情况称为不完全滑水或部分滑水。车速继续增加，车辆胎面由于花纹空隙被雨水填满而变得光滑，水膜来不及从磨光的车轮胎下挤出，会在转动的轮胎下聚拢，当该处的动水压力超过车轮的压力时，轮胎与路面将完全不能接触，汽车前轮失去可控性能，制动发生困难，形成完全滑水，如图 3-1～图 3-3 所示。滑水现象的存在使轮胎在湿滑路面上的摩擦运动变得非常复杂。

由上述可知，轮胎与路面间的附着系数在行车过程中是随车速、水膜厚度、轮胎与路面特性而变化的。随着行车速度的不同，影响抗滑性能因素的权重也有所不同。车速较低时（小于 40km/h），水膜的润滑作用所占的权重较低，抗滑力主要是由轮胎与路面充分接触所产生的摩擦力提供，即与轮胎的特性、路表面粗糙凸起的抗剪强度有密切关系，路面的微观特性对其抗滑性能有较大影响。车速较高时（大于 80km/h），动水压力的润滑作用使路面抗滑性能迅速下降，此时路面排水是重中之重，只有良好的路面宏观特性才能较好地保证潮湿情况下高速行驶车辆具有足够的抗滑力。

不同降雨强度下水膜厚度见表 3-3。

表 3-3　不同降雨强度下的路面水膜厚度

降雨等级	降雨强度/(mm/min)	水膜厚度/(h/mm)
小雨	0.042	0.048
中雨	0.043～0.133	0.049～0.118
大雨	0.135～0.265	0.120～0.202
	≥0.267	≥0.203
暴雨	≥0.600	≥0.382
	≥1.167	≥0.641

一般情况下，汽车行驶在湿滑路面上有如下特征（陈永胜，2001）。

（1）汽车行驶速度越快，轮胎与路面间的附着系数越低，存在的安全隐患也就越大。

（2）同样车速条件下，水膜厚度越大，轮胎与路面间的附着系数越小，但变化不太大；同样水膜厚度条件下，行车速度越快，附着系数越小，且降低幅度较大。相对水膜厚度而言，行车速度对附着系数的影响显著。

因此，在降雨天气条件下，高速公路行车安全尤其重要。

3.1.3　降雨对交通安全的影响

降雨是影响交通安全最频繁的气象因素，事故资料显示，雨天交通事故较正常天气增加 30%左右，若同时有强风，则事故率更高，损失更大。雨天环境阴暗，能见度差，驾驶员视野不开阔，视线不清，对前方人、车、物和道路状况无法作出正确判断；道路湿滑，附着系数减小，遇转弯或紧急情况采取制动措施时容易发生侧滑、跑偏或甩尾现象；也容易发生山体滑坡、塌方和道路塌陷、损坏以及路面积水等问题。

综上所述，雨天对交通安全的影响主要体现在如下三个方面。

1. 降雨对路面附着系数的影响

雨天路面附着系数较小，引发的行车安全隐患分为两种情况：①刚开始下雨，路面只有少量雨水时，雨水与路面上的尘土、油污相混合，形成高黏度的水液，滚动的轮胎无法排挤出胎面与路面间的水膜，由于水膜的润滑作用使得路面附着性能大为降低；②高速行驶的汽车经过有积水层的路面出现滑水现象。

根据现场道路测试，得出雨天沥青混凝土路面附着系数与降雨量的关系，如图 3-4 所示。

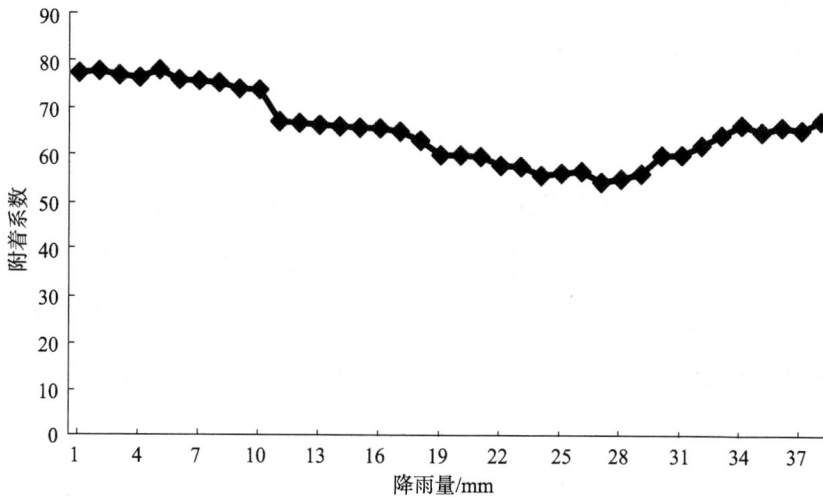

图 3-4　雨天沥青混凝土路面附着系数变化图

由雨天沥青路面附着系数的变化图 3-4 可以看出，下雨初期路面附着系数降低得最多。

2. 降雨对驾驶员的影响

通过采用问卷调查方法，统计出了雨天驾驶员的心理、生理变化程度，见表 3-4。从表中可看出，小雨对驾驶员基本没有影响，持续的中雨对驾驶员有明显的影响，大雨和暴雨对驾驶员影响最大。

1）雨天驾驶员心理变化

适当的压力可以提高驾驶员的工作效率，有助于提高行车安全。但驾驶员

表 3-4　降雨对驾驶员生理、心理所造成的影响程度

降雨强度 /(mm/12h)	降雨时间	驾驶员生理变化/%				驾驶员心理变化/%			
		显著	比较显著	不显著	无明显影响	显著	比较显著	不显著	无明显影响
小雨（<5）	开始降雨	0	7	67	26	0	12	73	15
	持续降雨	9	18	67	6	27	54	16	3
中雨（5~14.9）	开始降雨	6	35	49	10	10	23	61	6
	持续降雨	58	32	10	0	61	33	6	0
大雨（15~29.9）	开始降雨	75	25	0	0	82	18	0	0
	持续降雨	100	0	0	0	94	6	0	0
暴雨（30~69.9）	开始降雨	93	7	0	0	100	0	0	0
	持续降雨	100	0	0	0	100	0	0	0

承受的压力过大，其判断和操作可靠性就会明显降低。雨天行车环境恶劣，交通情况复杂，汽车制动减速频繁。另外，在低能见度情况下，驾驶员为了更清楚地掌握路况，需要集中注意前方路况，习惯将身体前倾，容易造成驾驶员心理烦躁和疲劳。研究表明，随着能见度的降低或车速的增加，驾驶员心率增大，血糖升高，紧张感增加。

2）雨天驾驶员生理变化

首先，雨天行车时，驾驶员会集中注意前方，很少注意速度表，通常根据周围物体的相对移动，凭经验来判断车速，这样很容易形成距离和速度的错觉。英国公路研究所曾针对驾驶员判断做过试验，试验让驾驶员分别以不同的速度行驶，然后凭主观判断将车速降低至某值。结果表明，每次试验驾驶员对实际车速的判断都偏低；且减速前等速行驶的距离越长，车速判断的误差越大。

其次，大雨或暴雨天气行车时，随着能见度降低，驾驶员反应时间延长，动视力和静视力也随之下降。夜间下雨雨滴还使车辆照射光线发生散射，影响驾驶员对前方路线转向、路面状况等的辨识和判断。同时，路面积水在灯光的照射下会产生眩目反光，易导致驾驶员视觉疲劳、注意力不集中而产生危险。

雨天行车环境不仅给驾驶员的心理增加了负担，同时也给驾驶员的生理带

来了影响，两者都通过驾驶行为表现出来。驾驶员的综合判断能力下降后，遇到紧急情况时，会出现错误判断，加剧了雨天行车的危险性。

3. 降雨对能见度的影响

雨天雨滴成线，路面积水溅散，使得能见度降低，视野不开阔，降低了驾驶员可视距离，影响道路标志标线或车间距的辨识。尤其是强降雨天气，雨刮器常常不能及时刮尽挡风玻璃上的雨水，而视线触及的范围也因雨刮器的滑动而受到限制。当降雨强度达到中雨，能见度降到 1000m 以下时，车辆行驶开始受影响。在强降雨天气，汽车内外温差使汽车前挡风玻璃产生水雾，影响了驾驶员的视线，给安全行车带来不利影响。

3.1.4　影响交通安全的降雨类型

综合上述分析和国内外研究，对交通安全产生影响的降雨类型可分成下面两类。

1. 大范围降雨

由于冷空气和暖湿气流的交汇等带来的大范围降雨可使数百公里的高速公路在雨区，驾驶员长时间在雨中行驶，对行车安全极为不利。大范围降雨一般历时长，道路交通运行环境发生以下改变：路面水膜长时间长路段的存在，导致路面附着系数降低，前车驶过引起雨雾不仅影响后车的视距，也使车辆本身的可见性降低；路面平整度较差的路段路面局部小面积积水，车辙内积水；夜间路面水膜反光造成标线不可见，各类标线失去作用；标志可视性降低；降雨量较大时，路面积水严重，尤其是在有超高路段。

大范围降雨虽然对道路交通运行环境有较大不利影响，但其预测预报相对比较容易，气象部门可以对大范围的降雨给予比较精确的预测预报，高速公路运营管理可根据气象预报实施预警和动态预报。

2. 突发性强降雨

突发性强降雨一般较难预测,且对高速公路行车构成严重威胁,特别是对隧道出入口等道路特征变化较大的路段影响较大。

山区高速公路气候变化无常,尤其是桥隧相接路段。在隧道入口处晴空万里,而在隧道出口处却是倾盆暴雨,这种路况会对车辆的运行安全造成极大的危险。为了应对易受突发性降雨影响的路段交通安全风险,对这些路段,如隧道出入口、小半径路段、车辙深度较大的路段应实施动态管理。

3.1.5　雨天能见度分析

雨天空气中的小水滴对光线有一定的阻挡和散射作用,使到达人眼的光线强度比没雨时要弱。降雨对能见度的影响不仅与雨量大小有关,还与降雨的分布情况有关。雨量分布较均匀的降雨天气对能见度的影响较稳定,突发性强降雨对能见度影响较大。强降雨天气雨滴量大,路面上容易起水雾,使道路能见度急剧降低。

通过采集江西省高速公路沿线地区雨天的气象资料显示图,在降雨强度较稳定的情况下,能见度变化较稳定。从图 3-5 中可看出:降雨强度为 0.2mm/5min 时,能见度为 3~8km;降雨强度增加到 1.4mm/5min 时,能见度降至 2km;当天的降雨量总计大约为 24mm(属于中雨天气),能见度基本在 5km 左右。一般

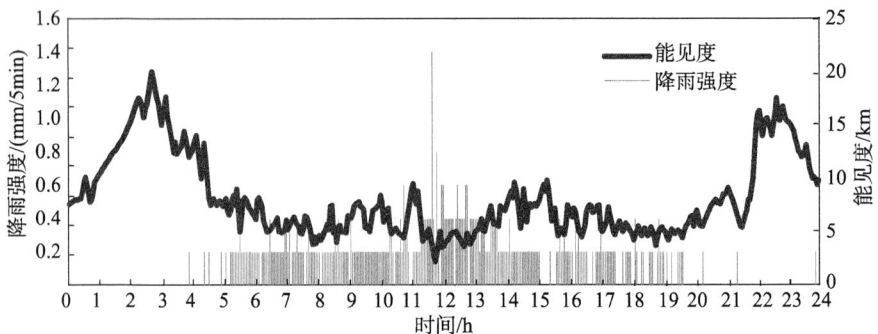

图 3-5　降雨强度与能见度的关系

能见度低于 1km 时，对车辆和驾驶员开始产生影响。由此可知，持续稳定的降雨导致的能见度下降对行车安全影响不大。因此，本书主要考虑强降雨天气对能见度的影响。

根据江西省高速公路强降雨天气的降雨强度和能见度监测资料，绘制了降雨量与能见度的关系图，如图 3-6 所示。

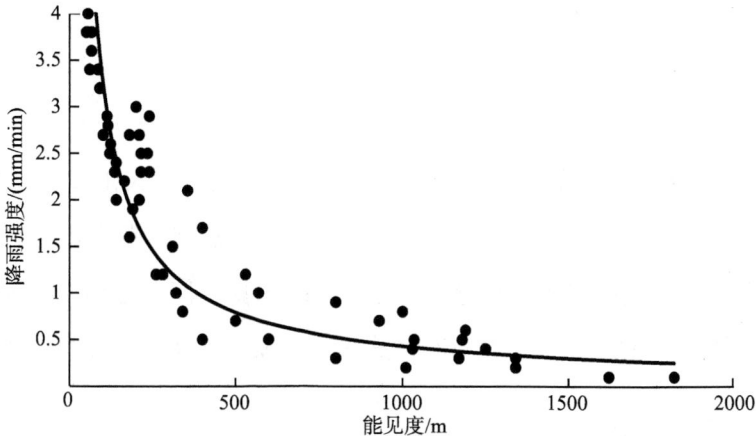

图 3-6　强降雨天气降雨强度与能见度的关系

通过上述数据分析可知，当降雨强度较小时，能见度随着降雨强度增大而迅速降低；当降雨强度超过 1mm/min 时，能见度随降雨强度的变化较缓，但此时能见度已降到 400m；当降雨强度超过 2mm/min 时，能见度不超过 200m。对图中数据进行回归分析，可拟合出降雨强度和能见度的关系曲线，该曲线的关系式为

$$L = 323.8R^{-1.2} \qquad\qquad (3\text{-}1)$$

式中，L 为能见度，m；R 为降雨强度，mm/min。

不同降雨强度对应的能见度见表 3-5。

当降雨强度未超过 0.3mm/min 时，能见度在 1000m 以上，对行车影响较小；当降雨强度超过 1.5mm/min 时，能见度降至 200m 以下，基本不能满足停车视距需求，存在较大的安全隐患，此时，管理部门应根据能见度进行限速或限行

表 3-5 不同降雨强度下的能见度

降雨强度/(mm/min)	能见度/m
0.3	1371
0.4	978
0.5	734
1	320
1.5	211
2	145
2.5	105
3	87
4	62
5	43

管理。综上分析可知，持续降雨 24h 的降雨量可能会达到大雨或暴雨级别，但每分钟的降雨量较小，对能见度的影响并不大；突发性强降雨天气 24h 降雨量可能只有 50mm，但因降雨短而急，每分钟的降雨量可能会达到 1～2mm，使能见度迅速下降至 400m 以下，对行车造成极大的安全隐患（陈永林，2014）。

3.1.6 路侧事故统计

根据江西省高速公路 2007 年 1 月至 2012 年 6 月事故统计数据，以有降雨的日期为基础，统计当日降雨量与路侧事故伤亡人数、财产损失，得出 24h 累积降雨量与事故财产损失关系，如图 3-7 所示。

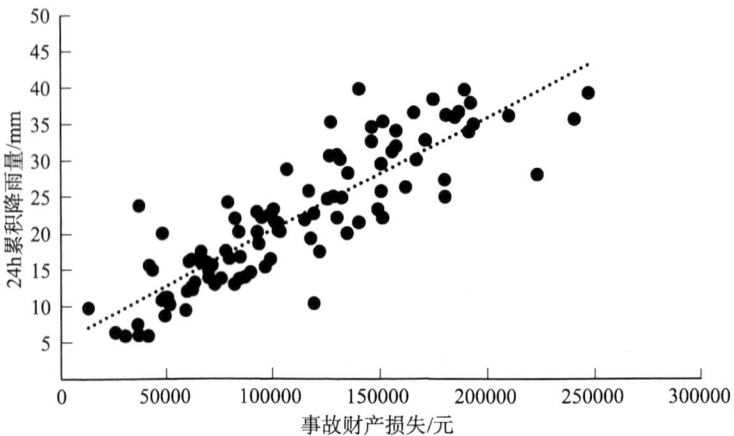

图 3-7 24h 累积降雨量与事故财产损失关系

考虑对于两组数列 x_i 和 y_i，其相关系数为

$$R = \frac{\sqrt{\sum (x_i - \overline{x})(y_i - \overline{y})}}{\sqrt{\sum (x_i - \overline{x})^2} \sqrt{\sum (y_i - \overline{y})^2}}$$　　　（3-2）

经统计分析，该数据降雨量与事故特征关系相关系数 $R=0.9284$，相关性较为显著。

对研究区域高速公路雨天事故进行分析得到如下特征。

（1）路侧事故涉及路侧护栏、路侧过渡段护栏、出口阻道护栏、路侧填方边坡、路侧挖方边坡、排水沟、中央带护栏、中央带缘石、中央过渡段护栏、中央带开口护栏以及上跨桥墩等多种障碍物。路侧和中央带护栏为最常被碰撞的路侧障碍物。统计的 253 起事故中，路侧护栏包括路侧路桥过渡段护栏和出口阻道路侧护栏，一共被撞 168 次；中央分隔带护栏，包括中央带路桥过渡段护栏、中央带开口护栏和上跨桥墩，一共被撞 76 次。故 253 起事故中，护栏一共被撞达 244 次，这主要与护栏连续设置有关，同时也与事故车辆发生二次碰撞有关，即事故车在与路侧护栏撞击后，还与中央带护栏再次撞击，或者在与中央带护栏撞击后，还与路侧护栏再次撞击等。

（2）253 起路侧事故造成 478 人受伤、50 人死亡，平均每起事故造成 2.09 人伤亡。原因一方面与客车事故较多有关；另一方面也与路侧安全环境较差有关，远达不到安全行驶的标准。

（3）超速和疲劳驾驶为单车路侧事故形成的主要原因，尤其是不利天气条件下的超速运行，更容易导致单车掉线事故。

（4）二次碰撞事故数较多。调查中发现，事故车尤其是小汽车与护栏首次相撞后并不能直接停止，有时甚至还会与道路另一侧的护栏相撞，造成二次碰撞；或冲出路侧护栏，再与路侧边坡和排水沟相撞。

（5）雨天道路湿滑，追尾事故较多，达到 101 次，特别是交通量较大、能见度低时，追尾事故更容易发生。

通过分析得出结论：本书选取的研究对象均为山区高速公路，江西省地处我国南方，在汛期降雨量较大。通过对当地气象资料分析，多个观察日降雨量达到大雨甚至暴雨水平，通过前面对路面水膜、降雨量对能见度影响、降雨对驾驶影响的分析，降雨对驾驶事故有很大影响。特别是大到暴雨天气，事故频发，且严重性、财产损失及伤亡人数增加。特别是山区高速公路，气候不稳定，对山区高速公路降雨天气的安全管理提出了较高要求。

3.2　雾天分布特征与路侧事故统计指标的关系

3.2.1　雾天要素指标分析

高速公路上驾驶员获得的信息 90%以上都是通过视觉获得的，通过对比目标物的亮度与背景亮度，准确地辨识出目标物的物理特征。目标物的亮度与背景的亮度差距越大，越容易辨别出目标物。因此，可以用目标物的亮度和背景亮度之间的相对差进行对比，称为相对亮度对比。相对亮度对比是表征人类辨识视觉信号的重要物理量指标。人可以通过它来获取目标物的轮廓、构造和距离等相关信息。在雾天时，光线被雾滴散射，既影响了驾驶员的视觉适应性，又降低了对目标物的辨识清晰度，削弱了引导驾驶员安全行车所需要的视觉信息。在目标亮度衰减和背景物亮度增强的情况下，绝对亮度差数值减小，这样目标物就更难以识别。这就是雾对高速公路能见度的影响过程分析。

1. 雾的形成条件

雾是由大量悬浮在近地面空中的微小水滴或冰晶组成的气溶胶系统（李学彬等，2008），高速公路雾区的形成主要有以下条件。

（1）水汽条件。空气湿度越大、湿层越厚，越容易形成雾。

（2）凝结条件。汽车排放尾气中的细小碳烟颗粒，可作为形成雾的凝结核。

（3）层结条件。逆温层聚集大量的气溶胶粒子和水汽形成辐射雾，逆温层越厚越强，雾就越浓。

（4）降温条件。近地面水汽含量饱和时，要使空气中的水汽凝结成雾滴，只有降温使得水汽接近露点便于凝结。

（5）风速条件。在风的作用下，因碰撞形成雾滴半径的差异使得大雾滴迅速形成和增加，从而使能见度急剧下降。

2. 雾的微观组成与能见度的关系

雾影响高速公路交通安全直接表现为雾使高速公路路域环境能见度降低，有关研究表明，雾中能见度与雾的消光系数有关。雾的消光作用主要是由雾滴散射光引起的，消光系数的大小与雾滴大小、雾滴浓度和含水量等特征参数相关（陈伟立，2005）。

通过对江西省历年来雾天气象条件的分析，得到江西省高速公路雾天行车能见度、最大雾滴直径、雾滴数密度与含水量之间的相关关系。

1）能见度与含水量

采用幂函数曲线 $y=ax^b$ 进行拟合，得到的拟合曲线为 $y = 43.782x^{-0.856}$，相关系数 $R^2=0.869$，如图 3-8 所示。

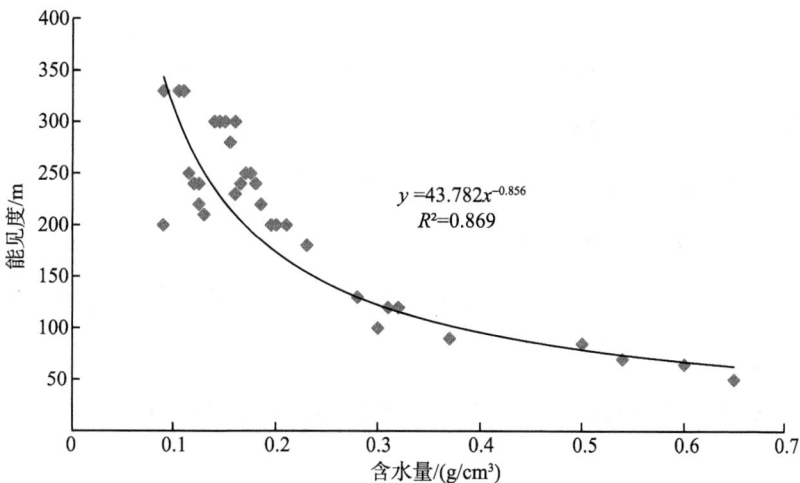

图 3-8　能见度与含水量的相关性分析图

2）最大雾滴直径与含水量

采用二次多项式 $y=ax^2+bx+c$ 进行拟合，得到拟合曲线为 $y = 200.41x^2 + 23.73x + 32.49$，相关系数 $R^2 = 0.94$，如图 3-9 所示。

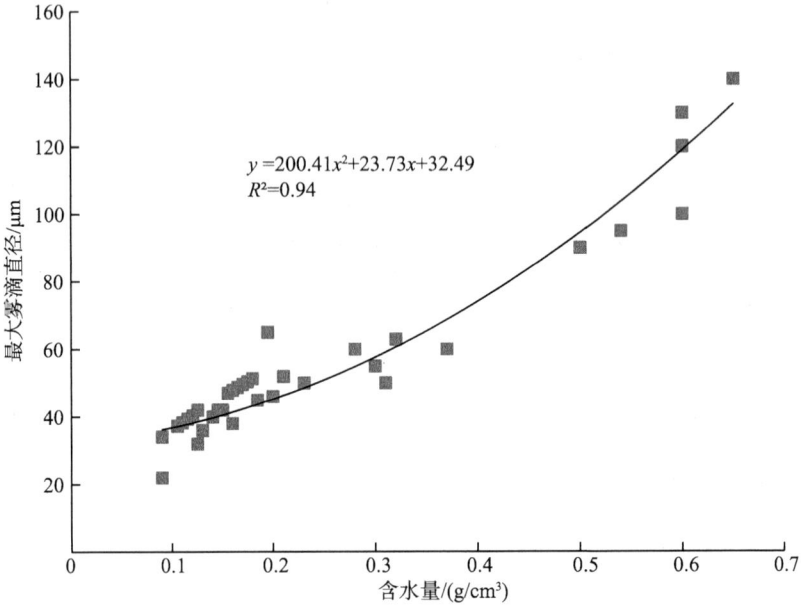

图 3-9　最大雾滴直径与含水量的相关性分析图

3）雾滴数密度与含水量

采用对数函数 $y=a\ln x+b$ 进行拟合，得到拟合曲线为 $y = 35.059\ln x + 103.238$，相关系数 $R^2 = 0.849$，如图 3-10 所示。

通过用 Matlab 进行数据插值分析，可以得到雾天能见度与含水量、雾滴数密度三者之间的相关关系，如图 3-11 所示。

综合上述各指标之间的回归分析，可以得到雾的微观物理量和能见度之间的几点结论。

（1）雾滴平均直径增大时，其数密度减小；雾滴数密度增大时，则其平均直径减小。

（2）单位体积空气的含水量大体上与雾滴数密度、最大直径的变化趋势一致。

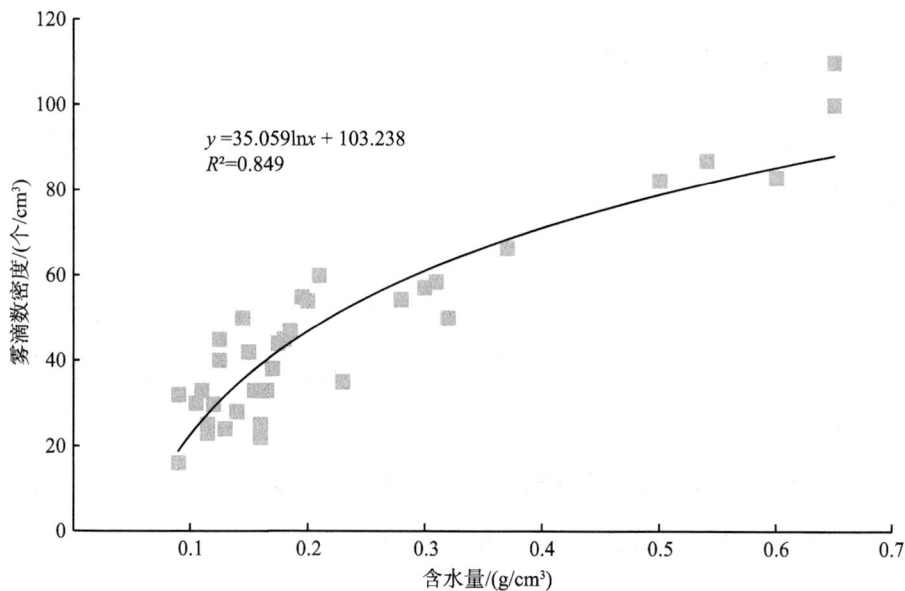

图 3-10　雾滴数密度与含水量的相关性分析图

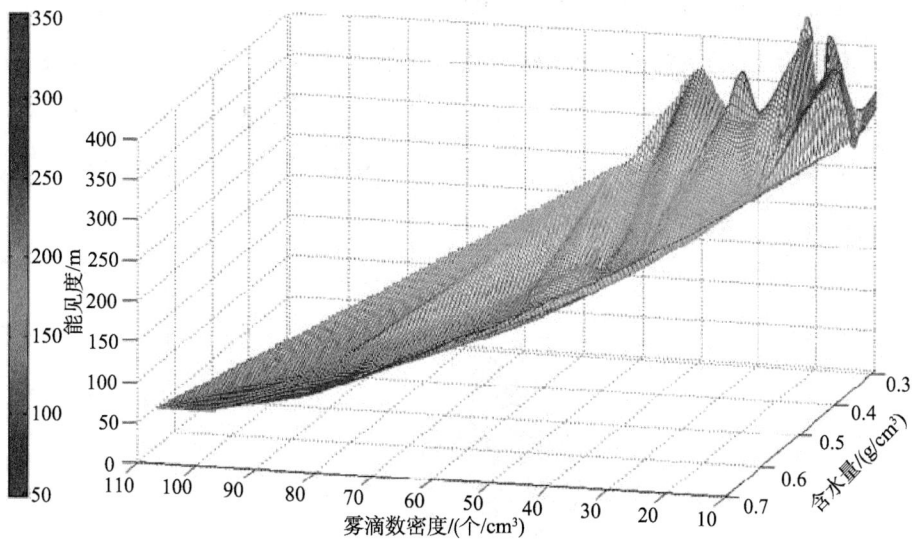

图 3-11　能见度与含水量、雾滴数密度变化趋势图

（3）能见度与含水量、雾滴数密度成反相关关系，即含水量越大、雾滴数密度越大，则能见度越低。

3.2.2 雾天事故特征统计指标

事故特征统计指标主要选取直接财产损失、总死亡人数和受伤人数这三类指标，采取如下公式将事故后果量化：

$$S = Ax_1 + Bx_2 + Cx_3 \qquad （3-3）$$

式中，S 为事故后果量化值；A、x_1 分别为财产损失影响系数和财产损失；B、x_2 分别为总死亡人数影响系数和总死亡人数；C、x_3 分别为受伤人数影响系数和受伤人数。

为方便评价事故后果的严重性，财产损失影响系数、总死亡人数影响系数和受伤人数影响系数分别取 10^{-5}、2 和 0.5，则事故后果：

$$S = 10^{-5} x_1 + 2x_2 + 0.5x_3 \qquad （3-4）$$

1. 一般事故

通过对江西省高速公路雾天事故的分析，可以发现雾天高速公路一般事故以伤人事故为主，其次是死亡事故。就事故形态而言，行车事故中由于滚翻、刮撞行人以及碰撞运动车辆造成的事故后果较为严重,且碰撞运动车辆产生追尾这类的事故易于造成严重的后果。雾天一般事故的特征分析如图 3-12～图 3-14 所示。

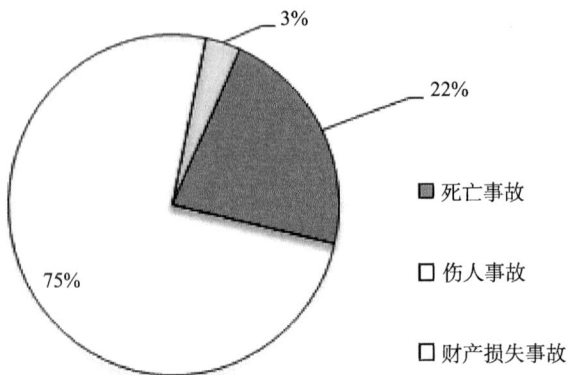

图 3-12　雾天一般事故类型分布

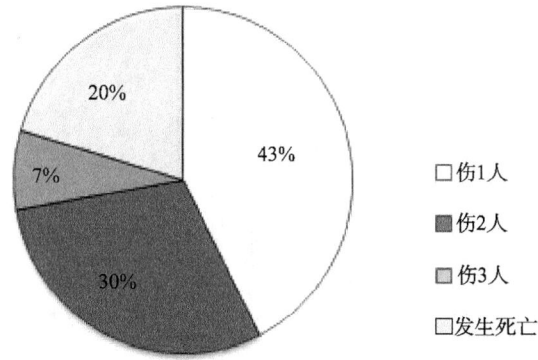

图 3-13　雾天事故死伤统计分布

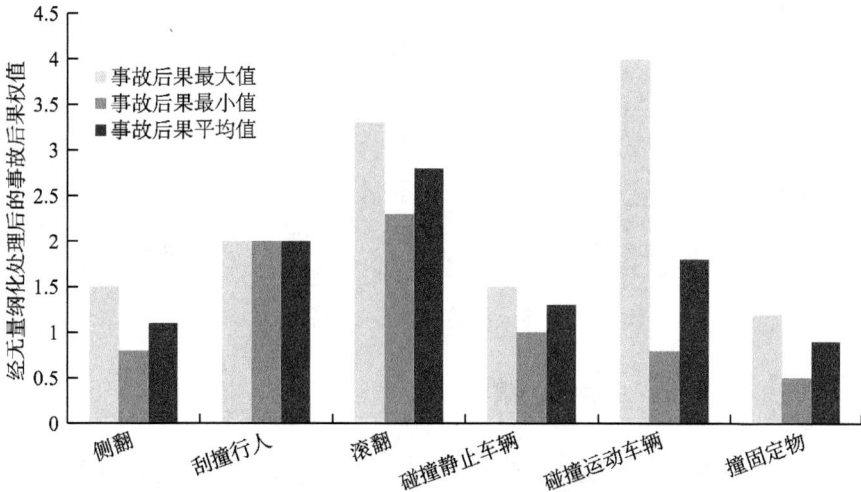

图 3-14　雾天一般事故形态的后果对比

2. 简易事故

由于简易事故不造成人员伤亡，因此在对不同形态的事故后果进行分析时，可以用直接财产损失进行衡量。通过对江西省高速公路雾天简明事故分析，结合 2.3.2 小节，可以看出碰撞静止车辆这一类事故所占比例少，但是造成的后果严重，财产损失大；碰撞运动车辆和侧翻事故财产损失较大；而撞固定物这一类事故发生数量多，但是事故影响较低，造成的财产损失小。雾天简易事故形态后果对比如图 3-15 所示。

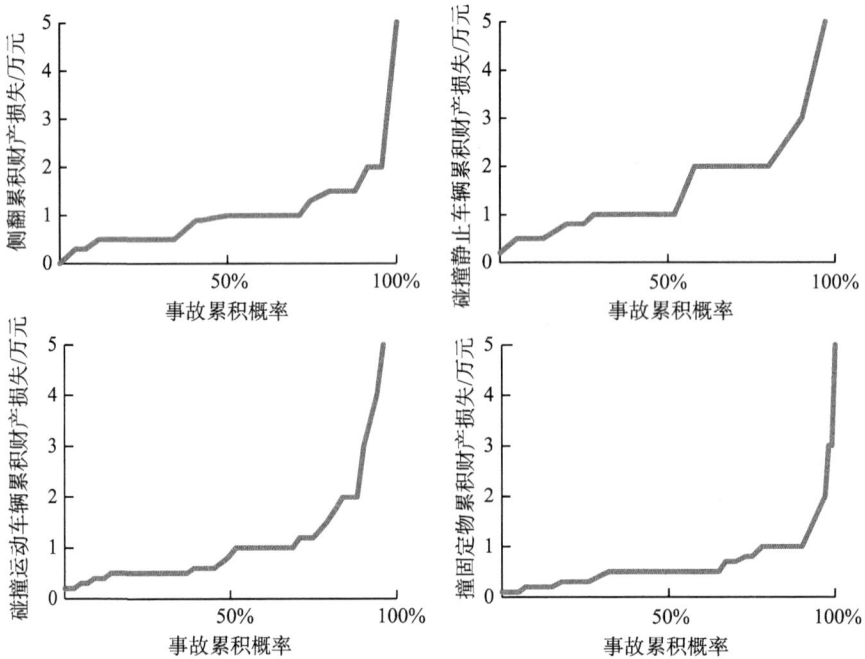

图 3-15　雾天简易事故形态的后果对比

3.2.3　雾天能见度对行车速度的限制

研究表明，能见度是反映大气透明度的一个重要标志，与现场的天气状况密切相关。当出现大雾天气时，大气透明度较差，能见度较低。在高速公路上行车时，能见度降低到 30～40m 时，驾驶员的视线将受到严重影响。如果能见度更低一些，驾驶员将看不清前方行驶车辆或障碍物，会因把握不准刹车距离造成追尾、侧翻等交通事故。雾天能见度是影响交通安全的关键因素。

高速公路在大雾的环境下能见度降低，路面附着能力下降。汽车在高速公路上行驶时，为避免与前方的障碍物或车辆相撞，必须采取有效的制动措施。在制动期间，汽车会滑行一段距离，把这段距离称为停车视距。在雾天时，为了使驾驶员能及时发现前方障碍物并能及时进行回避和刹车，保证把制动距离控制在能见度范围之内，就必须对车速进行合理的限制。车辆安全驾驶条件如图 3-16 所示。这种考虑交通条件和行车安全，交通管理部门对某一路段所允许的最高行车速度称为限制速度（汤筠筠，2003）。

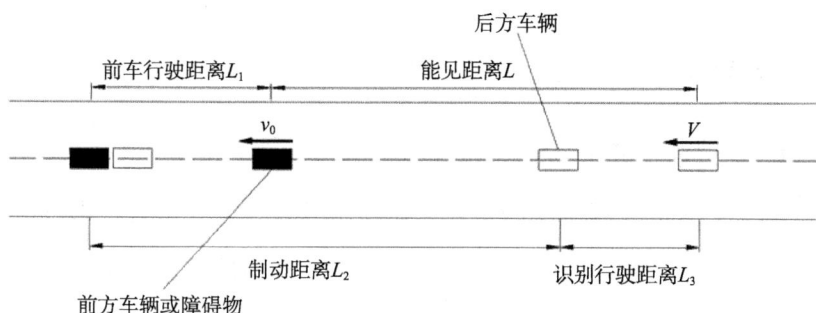

图 3-16 车辆安全行驶条件示意图

（1）前方车辆以较慢的车速 v_0 行驶时，行驶安全条件（史桂芳等，2010）为

$$L_1 + L_2 \leqslant L + L_3 \tag{3-5}$$

式中，L_1 为驾驶员在识别前方车辆时间 t_1 内行驶的距离，m；L_2 为车辆制动时间 t_2 内行驶的距离，m；L_3 为前方车辆在时间（$t_1 + t_2$）内行驶的距离，m；L 为路段的能见距离，m。

（2）前方已发生交通事故（前车静止），此时 $L_3 = 0$，则安全条件为

$$L_1 + L_2 \leqslant L \tag{3-6}$$

（3）安全行车限速。

① 行驶安全限制速度：

$$v \leqslant \left[88.5(f - i) - v_0\right]^2 + 2.54(L + 0.7)(f - i) - 88.5(f - i) + v_0 \tag{3-7}$$

② 事故安全车速：

$$v \leqslant 16 \times 30.6(f - i)^2 + (f - i)L - 88.5(f - i) \tag{3-8}$$

式（3-7）和式（3-8）中，f 为摩擦系数，i 为坡度。

摩擦系数 f 随车速的增大而减小，随不同的轮胎类型、路面类型、粗糙度和潮湿程度而变化。雾使路面能见距离 L 和摩擦系数 f 减小，从而使安全车速值降低。式（3-5）和式（3-6）反映了雾对高速公路行车安全车速的制约作用。

3.2.4 雾天驾驶员行为特性

1. 驾驶员视觉特性

对于驾驶员来说，视觉尤为重要，这不仅是因为视觉作为人体的一项重要生理功能不可或缺，更重要的是，驾驶员有 80%的路况信息直接来源于视觉。视力分为动视力和静视力，驾驶员在行车过程中就是动视力，因为动视力与静视力相比要弱，所以当驾驶员驾驶车辆行驶在高速公路上时要特别注意控制车速，提高视认距离。此外，因为视野的大小与车速的高低有关，所以当驾驶员驾驶车辆行驶在高速公路上时要特别注意控制车速，提高视认距离。

2. 驾驶员雾中行驶时心理特征

尽管目前尚不能从心理学等角度定量地确定影响的程度和机理，但可以肯定的是，浓雾会对驾驶员产生不利于交通安全的影响。调查表明，在雾天高速公路上驾驶时，有 65%左右的驾驶员会感到心理紧张，有 44%左右的驾驶员更容易急躁，有 75%的驾驶员更容易感到疲劳。因此，一旦发生意外，驾驶员易惊慌失措而引发交通事故。

3. 驾驶员雾中的反应速度

驾驶员对环境的感知时间与他所能得到的信息密切相关：在障碍物可预知的情况下，驾驶员的平均感知时间为 0.45s，第 85 百分位数感知时间为 0.64s；在障碍物不可预知的情况下，驾驶员的平均感知时间为 1.31s，第 85 百分位数感知反应时间为 1.87 s。不同驾驶员制动感知反应时间分布如表 3-6 所示。

表 3-6 驾驶员制动感知反应时间

分布特征	反应时间/s	
	不可预知障碍物	可预知障碍物
平均	1.31	0.45
标准偏差	0.61	0.10
第 50 百分位数	1.18	0.53
第 85 百分位数	1.87	0.64
第 95 百分位数	2.45	0.72
第 99 百分位数	3.31	0.82

驾驶员在雾区驾驶的过程中虽然已经时刻注意周围动态环境突发的危险性,但是由于车辆在运动过程中周边环境的动态性、随机性和不确定性,驾驶员对周边障碍物的感知能力不是稳定的,与驾驶员在驾驶时的注意力、精神状态和驾驶经验有关系密切。通常,可预知障碍物是相对较少的,而在车辆行驶过程中,很多障碍物是不可预知的,在不同的情况下,驾驶员对障碍物的平均感知时间有很大的差别。

3.3 冰雪天气分布特征与路侧事故统计指标的关系

3.3.1 研究区域总体降雪量特征

降雪强度同降雨强度一样,也有降雪等级之分。依据 24h 降雪量,降雪可分为小雪、中雪、大雪和暴雪,如表 3-7 所示。

表 3-7 降雪等级划分

降雪等级	24h 降雪量/mm
小雪	≤2.4
中雪	2.5～4.9
大雪	5.0～9.9
暴雪	≥10

　　江西省各地区冬季降雪量总体都不大，但冬季山区气温低，降雪或降雨后路面易形成薄冰，影响行车安全。

3.3.2　冰雪路面附着系数

　　冰雪条件下，由于雪颗粒阻碍了轮胎与地面之间的直接接触，道路的附着系数会降低（余凯，2010）。雪颗粒的凝结状态决定着冰雪路面的类型，不同类型的冰雪路面，其附着系数也有较大差异（雷明臣等，2010）。

　　1. 冰雪路面类型

　　根据公路路面冰雪凝结的物理形态，可以将冰雪路面划分为冰膜、雪浆、冰板、雪板、冰雪板和松雪路面六种类型。

　　冰膜路面：白天气温高时，冰雪路表的冰雪处于融化状态，到了晚上，由于气温低、风力小且湿度大，依附于路面的水分或冰雾不能及时蒸发，在路面形成的一层薄冰。

　　雪浆路面：当白天气温升高时，累积在道路表面的冰雪颗粒吸收大气中的热量而成冰雪融融状态，与尚未融化的雪颗粒一起形成状似“砂浆”的水-雾-雪颗粒混合物，即为雪浆路面。

　　冰板路面：当环境温度正负交替出现时即会形成冰板路面，且冰板的厚度随着降雪次数的增加和正负温度交替频率的增加而增加。

　　雪板路面：路面自然积雪的雪颗粒在未经融化的状态下，经过某种频率的轮胎碾压后所形成的具有一定密度、厚度和强度的板体。一般情况下，车辆对雪板路面的附着系数与雪板的厚度有关，会随着厚度的不同而产生变化。

　　冰雪板路面：冰板和雪板在路表反复、交替出现，形成层次分明的积层，即为冰雪板路面。

　　松雪路面：雪颗粒飘落至地面后，尚未经轮胎碾压，在路面累积形成的密度、强度均较低的自然状态雪路面。

2. 冰雪路面附着系数

因为路面附着系数是指在给定路况下，轮胎与地面之间的最大静摩擦系数，所以它的大小与道路的材料、路面状况、轮胎结构、胎面花纹、车辆运行速度等有关。

从经典摩擦理论的观点来看，冰雪路面的附着系数主要由微突体联结点的剪切和犁削引起，其中犁削的影响较小，在忽略不计的情况下，冰雪路面附着系数就可以表示为

$$\mu=\frac{A_C\tau}{F_Z}=\frac{\tau}{\sigma} \tag{3-9}$$

式中，μ 为冰雪路面附着系数；A_C 为实际接触面积；σ 为压缩强度（雪）或压痕硬度（冰）；F_Z 为法向载荷（以下同）；τ 为联结点较软材料（雪）的剪切强度。

路面附着系数越大，路面与轮胎之间的侧向力和纵向力也越大。侧向力影响着汽车的行驶稳定性，纵向力则决定着汽车的驱动性能和制动效能。冰雪条件对路面的影响主要体现在路面附着系数上，路面类型不同，路面附着系数也不同，因此有必要确定与路面类型相对应的附着系数（唐晋娟，2010）。对不同类型的冰雪路面进行附着系数的测定，结果见表 3-8。

表 3-8　不同类型冰雪路面的附着系数

路面条件	附着系数
光滑的冰膜	0.05～0.15
光滑的压实雪	0.10～0.20
冰板、雪下有冰板	0.15～0.20
冰膜	0.15～0.30
积雪下有冰板	0.20～0.30
积雪、轻度压实的雪	0.25～0.35
沥青或混凝土路面（干）	0.80～0.90

由表 3-8 可知，在冰雪天气条件下，冰雪路面的附着系数与干燥的沥青、

混凝土路面相比相差极大，其中冰膜路面的附着系数仅是干燥沥青路面的1/16～1/6。冰雪天气的路面会使得车辆与道路的附着系数大大减小，车辆的制动距离增大，进而影响车辆刹车的距离，极易诱发交通事故。

车型不同，轮胎的材料和结构也不同。因此，即使是同一类型的冰雪路面，轮胎与地面之间的附着系数也存在着明显差异，见表 3-9。

表 3-9　不同类型冰雪路面的附着系数

车型	结冰路面	冰雪板路面	松雪路面	积雪清除路面
普通小汽车	0.215	0.281	0.434	0.756
大型车	0.172	0.219	0.300	0.371
均值	0.194	0.250	0.367	0.564

从附着系数对车辆横向稳定性、纵向驱动性和制动性影响的角度出发，可以将其分为横向附着系数和纵向附着系数，具体数值的大小和车辆的运动状态密切相关。研究表明，同等状况下，与纵向附着系数相比，横向附着系数值往往偏大。根据以往的实践验证，描述道路横向附着系数的经典公式为 $\mu_H = 0.6\mu \sim 0.7\mu$（$\mu$ 为路面附着系数），此处取 $\mu_H = 0.6\mu$，则得到横向附着系数与纵向附着系数的关系如下式所示：

$$\begin{cases} \mu_H = 0.6\mu \\ \mu_H^2 + \mu_V^2 = \mu^2 \end{cases} \tag{3-10}$$

式中，μ_H 为横向附着系数；μ_V 为纵向附着系数。

3.3.3　冰雪天气能见度

人们把雪花的形状归纳为板状、星状、柱状、针状、枝状、杯状和不规则七种形状。在这七种形状中，六角形雪片和六棱柱状雪晶是雪花的最基本形态，其他五种不过是这两种基本形态的发展、变形或组合。

人们能够见到的单个雪花，直径一般都为 0.5～3.0mm。不同积雪的雪粒径分别为：干燥新雪<1.0 mm，细雪< 0.5mm，老细雪（0.5～1.0）mm。

雪的粒径大小对起动风速和雪粒子运动有着很大的影响，粒径小的起动风速小，易产生风吹雪，是影响山区高速公路能见度的一个很重要因素。在同样的风速情况下，粒径的大小对吹雪的强度影响也不同，粒径小的吹雪强度高。

由于存在物体抵抗硬的物质压入表面的抗力，雪的硬度随积雪密度的增大呈指数增加，而随温度的降低呈线性增加。

1. 降雪强度与能见度的关系

雪花是在混合云中，由于冰水共存使冰晶不断凝华增大而形成的。当云下气温低于 0℃时，雪花可以一直落到地面而形成降雪。下雪天气也会影响驾驶员的可视性，使能见度水平有不同程度的降低。降雪等级和其对应的能见度关系可归纳为如下几种。

（1）小雪（零星小雪）：是指下雪时水平能见度距离≥1000m，地面积雪深度在 3cm 以下，或 24h 内降雪量≤2.4mm 为小雪。

（2）中雪：是指下雪时水平能见距离为 500～1000m，地面积雪深度为 3～5cm，或 24h 内降雪量达到 2.5～4.9mm 为中雪。

（3）大雪：是指下雪时能见度很差，水平能见距离为 100～500m，地面积雪深度≥5cm，或 24h 内降雪量达到 5～9.9mm 为大雪。

（4）暴雪：是指 24h 内降雪量≥10mm。

根据气象部门对雪等级与能见度等级的划分，结合高速公路管理经验，这里将雪分为小雪、中雪、大雪和暴雪四档，并列出了 24h 降雪量与能见度对应关系，见表3-10。

2. 能见度对行车安全的影响

山区高速公路冬季经常会伴有降雪和吹雪。这两者均会使山区高速公路交通环境能见度有不同程度的下降，导致驾驶员心里紧张并对目标物的视认性严重降低，造成交通事故，给交通安全带来严重影响。

表 3-10   24h 降雪量与能见度对应关系表

降雪等级	24h 降雪量/mm	能见度/m
小雪	≤2.4	≥1000
中雪	2.5～4.9	500～1000
大雪	5～9.9	100～500
暴雪	≥10	≤100

能见度对道路行车安全造成的影响主要体现在以下两个方面。

1）停车视距

在有降雪、吹雪或雪雾共存的冰雪天气，水滴、雪颗粒与光共同作用，会使驾驶员对物体的辨认能力降低（邢恩辉等，2010）。此外，雾滴或雪颗粒的聚集会阻隔驾驶员的视线。这两种因素的综合作用导致了雪天能见度的急剧下降。这种不利影响具体反映到驾驶员身上，会导致驾驶员视明度显著下降，难以看清前方及周围物体的情况，从而使驾驶员对前方车辆及交通标志的识别、路面状况的判断和运行环境的把握产生困难，产生视觉疲劳和判断错误，最终导致驾驶员视距估计不足而引起车辆追尾事故，增加驾驶员在冰雪天气环境下行车的危险性。而且降雪强度越大、风速越高，驾驶员视距就越小，诱发交通事故的可能性越大。

此外，研究人员对相关事故进行了回访统计，由统计结果发现低能见度条件下的事故原因流程大致如下：当正在山区高速行驶的车辆进入降雪或有雾区时，驾驶员最直接的反应就是马上降低车速，以期获得尽可能多的反应时间来判断前方车辆的行车信息。但这一过程存在着安全隐患：若减速过快，则后面车辆驾驶员可能会因视距估计不足而导致车辆追尾事故的发生；若减速过慢，则可能造成该车辆与位于其前方正在减速的车辆相撞，此时，位于该车后面正在高速行驶的车辆因停车视距不足，导致发现前方交通事故时距离前车过近，不及避让而与前面车辆相撞，特别是当交通流中的车辆多时，这种不利影响会被叠加放大，造成多车连环相撞的恶性事故。或者当后面车辆驾驶员发现前车交通事故时感觉距离过近，为了绕过其前方车辆而本能地急打方向盘，这样做会使车辆撞向公路旁边的护栏，或者与其他车道的车辆发生相撞，特别是与对向行驶的车辆相撞时，是一种极其危险的状态。

2）驾驶员心理、生理特征

低能见度会对驾驶员心理、生理特征产生显著的不利影响，导致驾驶员心理过度紧张（程国柱等，2011）。同时，若驾驶员在此环境下长时间工作，极易产生视觉疲劳。据相关资料统计发现，绝大多数驾驶员驾车驶入低能见度地区时，心理会变得紧张；有超过80%的驾驶员感觉到，在低能见度环境中开车容易疲劳。有研究表明：驾驶员遇到外界刺激时，由刺激引起的心理变化和生理指标的变化高度相关；当行车条件发生改变时，驾驶员心理状况产生变化，生理相关指标随之相应改变。因此，通过对驾驶员相关生理指标的变化进行测量，可以间接反映出驾驶员对于上述变化所承受的压力。相反，当行车环境能见度较低时，经验欠缺的驾驶员的皮肤温度、血流量、呼吸量等指标与同等条件下能见度良好的行车环境相比变化显著，表明缺乏经验的驾驶员在低能见度环境下驾车时十分紧张。

驾驶员的心理及生理变化最终会在驾驶员反应时间、判断和处理信息的能力上反映出来（沙爱敏，2006）。驾驶员的反应时间通常因人而异，除了与性别、驾驶员自身素质及年龄等有很大关系之外，它很大程度上取决于前车的尺寸颜色及示廓灯亮度、前后两车间距、道路环境、行车速度等。有学者针对驾驶员的反应时间进行了测量，结果表明超过90%的人反应时间在2.5s左右。

综上所述，能见度下降导致的停车视距不足和驾驶员的心理生理变化是造成冰雪天气交通事故的重要因素，且事故有如下特点：事故类型单一，多为追尾和刮擦事故；事故涉及的车辆众多，事故伤亡率高，性质恶劣，经济损失严重。

参 考 文 献

陈伟立, 2005. 雾对高速公路交通安全的影响分析与研究[D]. 西安: 长安大学硕士学位论文.

陈永林, 谢炳庚, 曹思沁, 等, 2014. 近61年来赣州降水量变化特征及趋势[J]. 南水北调与水利科技, 12(05): 104-108.

陈永胜, 2001. 高速公路安全设计基础理论及关键技术研究[D]. 北京: 北京工业大学博士学位论文.

程国柱, 李惠, 徐亮, 2011. 积雪路面特性分析及其造成驾驶员行车紧张性评价[J]. 吉林大学学报: 工学版, 41(2): 355-359.

李学彬, 徐青山, 魏合理, 等, 2008. 气溶胶消光系数与质量浓度的相关性研究[J]. 光学学报, 29(9): 1655-1658.

雷明臣, 高翠. 2010. 寒冷地区路面附着系数调查分析[J]. 黑龙江交通科技, 32(12): 25-26.

沙爱敏, 2006. 高速公路交通事故分析及预防对策研究[D]. 南京: 东南大学硕士学位论文.

史桂芳, 袁浩, 程建川, 2010. 雾天交通限速计算[J]. 西南交通大学学报, 45(1), 136-139.

唐晋娟, 2010. 不良天气条件下高速公路交通安全影响分析[D]. 南京: 南京林业大学硕士学位论文.

汤筠筠, 2003. 高速公路雾区交通安全保障技术研究[D]. 合肥: 合肥工业大学硕士学位论文.

邢恩辉, 张明强, 吴贵福, 等, 2010. 寒地城市快速路冰雪路面交通流特性研究[J]. 佳木斯大学学报(自然科学版), 28(2): 232-234.

余凯, 2010. 不利条件下高速公路动态限速方法研究[D]. 武汉: 武汉理工大学硕士学位论文.

第4章 不利天气条件下道路线形对山区高速公路路侧事故的影响

4.1 雨天道路平纵线形及组合因素对路侧事故的影响

车辆在平面曲线与直线坡段组合形成的路段上行驶时，一方面需要完成转弯行为，同时要调整车辆完成下坡或上坡行为，驾驶行为组合增加了车辆行驶状态的复杂性；另一方面，路段易受障碍物影响，形成视距阻碍区，影响通视。而过于平缓的纵坡组合段易引起驾驶者的疏忽，使驾驶者不能清晰地辨识出弯坡组合段的存在，由于没有及时采取调控车辆的措施，从而危及行车安全。

车辆在平面曲线与竖曲线组合形成的路段上行驶时，将发生径向、法向、竖向的三维平动与转动。车辆平动、转动的某种突变或车辆运动某种方式的累加与延续，是造成车辆发生交通事故的主要原因之一。在高速公路上，能够造成车辆运动突变的，往往位于线形的衔接过渡段；而造成车辆运动不良累加与延续的又往往是多种线形组合区段和衔接区段，其对行车安全的潜在影响比单一的设计要素显著（赵利莘，2013）。

本书选取江西省2007～2012年有弯坡的路段，雨天共发生197起交通事故，其事故特征统计见表4-1和表4-2所示。

不同线形组合的事故率见表4-3所示。

由上述统计可以发现雨天山区弯坡部分路段事故有如下特征。

（1）降雨影响了驾驶员视野，"低能见度气象条件下在高速公路上不按规定行驶的"和"在同车道行驶中，不按规定与前车保持必要的安全距离的"事故较多。高速公路车速较快，特别是在大到暴雨天气，加上水花、雾气，一方面

表 4-1　弯道类型与事故类型统计

弯道类型	事故类型	事故数/起
急弯	撞固定物	2
连续下坡	侧翻	12
	碰撞运动车辆	11
	失火	1
	撞固定物	11
一般坡	侧翻	6
	碰撞静止车辆	11
	碰撞运动车辆	37
	撞固定物	14
一般弯	刮撞行人	2
	碰撞静止车辆	2
	碰撞运动车辆	4
	撞固定物	8
	坠车	1
一般弯坡	侧翻	1
	刮撞行人	2
	碰撞静止车辆	22
	碰撞运动车辆	29
	撞固定物	21

道路上能见度降低；另一方面，由于路面水膜的影响，车辆制动能力降低，使得较近车距的车辆发生事故率增高。

（2）在下雨天气，道路、气象条件较差，研究路段事故中，因超速、过低速度引起的事故较多。

（3）车辆之间（包括碰撞运动车辆、碰撞静止车辆）的碰撞事故最多；其次是撞固定物，包括护栏、隔离带等。

（4）在弯坡部分，个别路段出现长大下坡及圆曲线组合情况，车辆易发生侧滑甚至侧翻。

（5）高速公路上大型货车、重型货车、大型客车比例较多，在弯坡路段，大车的制动性能对自身行驶及其他车辆行驶安全性有重要影响。

表 4-2　弯道类型与事故原因统计

弯道类型	事故原因	事故数/起
急弯	机动车在高速公路上通过施工作业路段，不减速行驶的	2
连续下坡	过度疲劳仍继续驾驶的	1
	机动车行驶超过规定时速 50%的	6
	机动车行驶超过规定时速 50%以下的	16
	机动车在高速公路上通过施工作业路段，不减速行驶的	1
	驾驶机件不符合技术标准的机动车的	4
	在高速公路上超速不足 50%的	3
	在同车道行驶中，不按规定与前车保持必要的安全距离的	4
一般坡	低能见度气象条件下在高速公路上不按规定行驶的	6
	机动车行驶超过规定时速 50%以下的	8
	驾车时有其他妨碍安全行车的行为的	9
	驾驶机件不符合技术标准的机动车的	5
	未取得驾驶证驾驶机动车的	4
	在高速公路上超速不足 50%的	13
	在同车道行驶中，不按规定与前车保持必要的安全距离的	23
一般弯	变更车道时影响正常行驶的机动车的	4
	低能见度气象条件下在高速公路上不按规定行驶的	4
	行人进入高速公路的	2
	机动车行驶超过规定时速 50%以下的	2
	驾驶机件不符合技术标准的机动车的	3
	在高速公路上超速不足 50%的	2
一般弯坡	低能见度气象条件下在高速公路上不按规定行驶的	19
	过度疲劳仍继续驾驶的	10
	行人进入高速公路的	2
	机动车行驶超过规定时速 50%以下的	2
	驾车时有其他妨碍安全行车的行为的	5
	驾驶机件不符合技术标准的机动车的	4
	在高速公路上超速不足 50%的	21
	在同车道行驶中，不按规定与前车保持必要的安全距离的	12

表 4-3　不同线形组合的事故率

平面	纵面		事故率/%	平均值/%
曲线	曲线与直线组合	竖曲线部分	4.46	4.26
		直线部分	3.71	
	直线		4.71	
直线	曲线与直线组合	竖曲线部分	4.15	4.01
		直线部分	4.09	
	直线		2.72	

4.2 雾天道路平纵线形及组合因素对路侧事故的影响

4.2.1 雾天事故平纵线形特征统计

根据江西省高速公路历年交通事故资料，由于事故的统计信息不完善并缺乏道路平纵线形的相关数据，对雾天一般事故进行统计分析，分析结果如图 4-1 和图 4-2 所示。

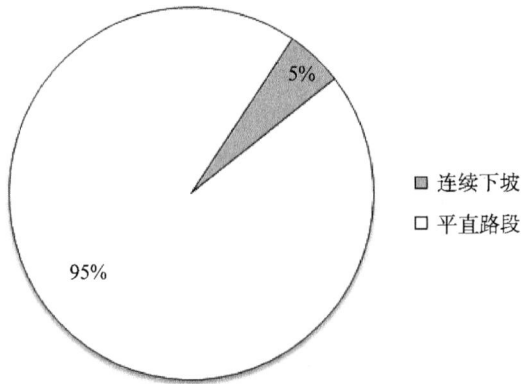

图 4-1　雾天一般事故位置分布

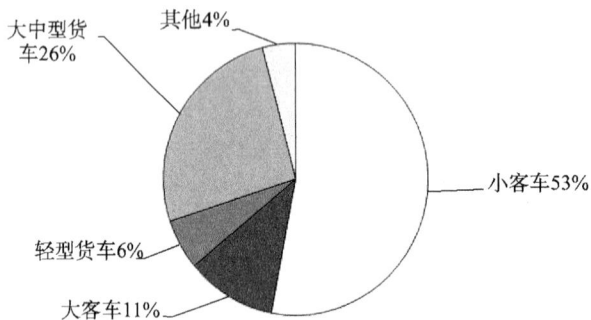

图 4-2　一般事故车辆类型统计

根据统计结果可知，江西省高速公路雾天行车事故多发生于平直路段（占雾天一般事故数的 95%），部分发生于连续下坡路段（占雾天一般事故数的 5%）。

此外，还可以看出发生事故的车辆类型以小客车和大中型货车为主，所占比例分别为 53% 和 26%。因此，应当着重考虑小客车和大中型货车的行车特性来指导高速公路平纵线形的设计以及相应管理措施的制定。

4.2.2　雾天平纵线形组合设置原则

我国《公路路线设计规范》（JTG D20—2006）中要求道路应注重平纵线形组合（即平曲线与竖曲线组合）的合理性，并保证线形的连续性、指标的均衡性、视觉的良好性，在满足汽车在平纵线形组合路段运行学的基础上，提供给驾驶员安全舒适的道路环境。因此，山区高速公路运营阶段的车辆是否能够保证安全行驶与道路平纵线形组合是否合理有直接关系。行车舒适性和线形均衡性是衡量平曲线与竖曲线线形组合的重要因素。但是在大部分情况下，由于线形组合不当导致路线设计过程中出现许多问题，暴露出的各种弊端严重影响车辆在道路上的安全性。

在国内外专家对平纵线形组合深入研究的基础上，本书提出了一些满足安全行车条件下的平纵线形组合的基本原则，主要表现在以下三个方面的要求。

1）平纵线形组合的连续性及行驶的舒适性

满足汽车行驶的运动学以及驾驶员视觉和心理方面的要求是山区高速公路平纵线形组合需要解决的关键问题。但是这些亟待解决的问题并不是孤立存在的，保证山区高速公路线形组合合理性是与驾驶员的视觉连续性、心理舒适性以及道路沿线的环境相协调的，这样才能拥有良好的平纵线形组合，从而起到诱导驾驶员视线的作用，并保持驾驶员视觉连续性的要求，从根本上避免交通事故的发生。因此，以下三点要求需要在进行道路的平面与纵断面线形组合时必须进行充分考虑。

（1）尽可能保证平曲线包含竖曲线，即竖曲线长度范围应包含在平曲线长度范围内，做到平曲线与竖曲线相互对应。这样的要求使得在驾驶员在进入竖曲线范围之前便可以判断平面线形的变化方向，视线不受凸形竖曲线影响，有利于车辆转弯，明晰前方平纵线形组合路况，保证安全。

（2）不得将竖曲线顶点作为反向平面曲线的方向转点，并避免小半径圆曲线出现在凹形竖曲线底部或凸形竖曲线顶部的位置。在山区高速公路的凸形竖曲线与小半径的组合路段，会导致严重的视距不足，需行车至竖曲线顶点时才能发现前方路线发生转向。在夜间视线诱导不足的情况下，驾驶员经常会因操作不及时或因心理紧张造成操作不当而引发交通事故。

（3）纵断面线形上坡度连续且频繁变化的碎坡段应避免在长直线或大半径平曲线的路段内出现，容易形成驼峰和跳跃等的不良线形。在这种不良线形组合路段上行驶时，驾驶员会明显感觉到行车不舒适，因为在纵断面线形连续起伏的过程中，纵向离心力反复作用，若车速过快，则超重、失重感强烈且频繁交替，很容易造成驾驶员心理紧张，影响行车安全性。另外，连续起伏路段也会造成驾驶员出现一定的视线盲区，不利于行车舒适性。

2）平纵线形组合技术指标的均衡性

平纵线形组合技术指标的均衡是指平面线形指标与纵断面线形指标要求保持在一定的比例范围内，以求达到线形变化的连续，保证行车安全和线形美观的目的（马壮林，2010）。道路线形技术指标的均衡不仅可以有效降低工程总费用，而且在视觉上对驾驶员的视线起到了很好的诱导作用。德国有关研究表明，圆曲线半径在1000m以下时，为保证平纵组合线形的均衡性要求，竖曲线半径应保持在圆曲线半径的10~20倍；圆曲线半径在1000m以上时，竖曲线半径最好保持在圆曲线半径的20倍以上，具体见表4-4。

表4-4 平曲线与竖曲线均衡

平面圆曲线半径/m	纵向竖曲线半径/m	平纵指标均衡性	平面圆曲线半径/m	纵向竖曲线半径/m	平纵指标均衡性
2000	100000	50.0	900	20000	22.2
1500	60000	40.0	800	16000	20.0
1200	40000	33.3	700	12000	17.1
1100	30000	27.3	600	10000	16.6
1000	25000	25			

3）合适的合成纵坡

高速公路平纵线形组合路段中，平曲线半径值较小，且纵坡坡度较大，容易导致合成坡度值太大，车辆出现沿着合成坡度方向滑移的现象要比平原区高速公路多，严重违背平纵组合路段上车辆行驶的安全性要求。同时，太小的合成纵坡又会造成路面排水不畅出现积水，在雾天由于空气湿度大会造成地面潮湿使得路面附着系数降低，对车辆的行驶安全十分不利。因此，对平曲线与竖曲线进行合理组合的同时，需要考虑合适的合成坡度。

4.2.3　雾天交通安全系统的建立

雾天交通安全系统由雾预报检测系统、交通监视与控制系统、轮廓指示及雾区交通组织四个部分组成，以自动运行为主，辅以人工临时操作应用于高速公路营运管理中，是一种有效预防和降低高速公路雾天引发交通事故的安全管理系统。

1. 雾预报检测系统

雾预报检测系统包括预报系统和检测系统。预报系统由气象部门提供，检测系统由高速公路沿线安装的各种自动化仪器构成。雾预报系统可由气象台（站）的宏观预报系统和在高速公路沿线（多雾路段）设置专用气象要素检测系统构建的微观预报系统相结合，气象台（站）通过公众信息网与高速公路监控系统相连，传送雾预报信息。监控系统收到预报信息后，及时启动预警机制，安排交通控制措施和交通组织方案。

雾检测系统包括气象检测器和能见度检测器。气象检测器置于公路多雾段的起点、中点和终点。气象检测器除了可检测能见度外，还可检测路面干湿状态、风速、风向、降水情况、结冰状况等指标。能见度检测器设置于气象检测器之间，检测路段能见度情况。监控系统将根据能见度情况以及具体气象状况决定限速、限车距、警示信息等具体控制措施（许先锋，2007）。

2. 交通监视与控制系统

1）交通监视系统

交通监视系统由闭路电视系统和交通检测系统构成。闭路电视系统由雾区沿线设置的外场摄像机构成，通常每间隔 3km 左右设置一套摄像机，用于监视在有雾情况下高速公路交通运行情况，此外还可辅助判断雾的存在和能见度情况。交通检测系统主要是车辆检测器，每 500m 设置一组，用于检测交通量、车速和车道占有率，判断交通阻塞状况。当车辆因大雾阻塞或发生交通事故时，车辆检测器会将数据传至控制系统，为交通疏导、车速控制和车距控制提供基础信息。

2）交通控制系统

交通控制系统由可变信息标志、可变限速标志和车道控制灯等组成。可变信息标志在雾区段前面的互通出口前设置，发布提示信息，指示雾浓度，实施车距控制。在出口前设置是让驾驶员在知晓雾情后选择是否驶离高速公路。可变限速标志在雾区段前面的互通入口后、进入雾区段前设置，发布限速信息，实施行驶速度限制。车道控制灯在雾区段前设置，以亮红灯表示超车道封闭。在大雾降临时，红灯亮，超车道封闭，只启用行车道。先通过封闭超车道，杜绝超车，再通过限制车速、控制车距，提高雾区行车安全性。

3. 轮廓指示

轮廓指示主要是指示道路轮廓，有护栏轮廓灯指示和分隔栏轮廓灯指示两种。护栏轮廓灯为透雾灯，安装在高速公路外侧安全护栏上。在浓雾情况下开启，用于勾勒路形，给驾驶员提供视线诱导，使驾驶员看清楚道路轮廓。经试验，在能见度较低时，驾驶员能看见 20m 处的灯光，基本可保证车辆在雾天行驶时不会偏离车道，避免因车辆偏离车道造成交通事故。分隔栏轮廓灯安装在中央分割带的分隔栏上，常用透雾灯，在有雾情况下开启，指示分隔带位置，给驾驶员提供视线诱导，使驾驶员看清楚道路轮廓。

4. 雾区交通组织

本书利用已知的能见度信息，综合利用可变限速标志、可变信息标志、轮廓灯等设施，利用收费站入口的限行功能，并采取路政、交警、抢险、医疗救护部门联动措施，根据不同的能见度值，制定了相应的雾区交通组织方案，见表 4-5。

表 4-5　雾区交通组织方案

能见度/m	限速/(km/h)	提示信息	轮廓灯	联动措施
200～500	80	前方有雾，请开启雾灯，减速慢行	分段开启	路政移动标志车在特殊路段前方 100m 处开启闪烁警灯和警笛
100～200	60	前方大雾，请开启雾灯，减速慢行，保持车距 100m	开启	交警、路政巡逻、医疗救护部门待命
50～100	40	前方浓雾，请开启雾灯，减速慢行，保持车距 50m	开启	收费站入口间隔放行车辆，交警、路政巡逻、医疗救护部门待命，严禁超限车辆进入
30～50	20	前方浓雾，请开启雾灯，减速慢行，请进入服务区暂避	开启	收费站入口间隔放行车辆，交警、路政巡逻、医疗救护部门待命，路政巡逻车沿线巡视
10～30	10	前方浓雾，请开启雾灯，减速慢行，请进入服务区暂避	开启	采用巡逻车带领车队方式，交警、医疗部门待命，路政巡逻车沿线巡视
<10		关闭道路		

4.2.4　雾天交通组织管理与安全行车策略

1. 雾天交通组织管理

根据不同程度的雾对高速公路安全行车的影响，要在不同的预警等级下采取相应的交通组织管理预案。

1）一级预警交通组织管理预案

在第一层级程度的雾发生时，其交通组织管理的具体内容如下。

在异常状况出现时，将出现异常状况的路段及路况同时向路政部门和养护站通报，使路政人员和养护人员第一时间赶到异常状况路段。其中，路政人员应在异常状况路段加大巡逻力度；通过车载广播提醒驾驶员注意行车安全；车辆限速按照必要的限速方案严格执行并禁止随意乱停车；及时处理发生故障的车辆，并在出现异常状况路段长度内每隔一定公里数放置交通警示牌或临时限速标志。

2）二级预警交通组织管理预案

在第二层级程度的雾发生时，汽车在高速公路上的行驶将变得相对困难。当交通量过大时，高速公路将出现交通拥堵现象，容易诱发交通事故而导而致事故率上升，其交通组织管理的具体内容如下。

当出现异常事件时，应当在异常路段上游安放限速标志，并通过 LED 可变信息板或临时标志将下游异常状况向驾驶员通告，提醒驾驶员保持适当的车距和控制车速。当道路上出现障碍物时，应及时告知道路养护人员及时处理。对于道路线形较差和事故多发路段，应设置线形诱导标线帮助驾驶员在能见度较低的状况下对道路线形有较好的识别，并设置临时性警示标志。

3）三级预警交通组织管理预案

当能见度下降到 200m 以下时，道路交通状况恶劣程度急剧提升，这种低能见度下高速公路上行驶的汽车将面临严重的安全问题。

当出现异常事件时，应当在异常路段上游安放限速标志，并通过 LED 可变信息板或临时标志将下游异常状况向驾驶员通告，提醒驾驶员保持适当的车距和控制车速。应该在异常路段前方 2km 处设置限速标志，并开启固定标志处的照明设施以提高标志的可视距离。

4）四级预警交通组织管理预案

当能见度低于 50m 时，路段能见度极差，行车尤其困难，大量车辆积压，旅客滞留。交通监控中心应通过网络、广播等各种通信手段发布实时的天气和交通信息，尽量限制不必要的出行车辆进入高速公路。同时，根据实际情况考虑封闭高速公路进口道，阻止车辆进入雾区。并采用巡逻车带领车队方式组织雾区车辆离开，路政巡逻车沿线巡视，交警、医疗救护部门待命。

2. 雾天安全行车策略

1）合理地使用汽车灯光

驾驶员应将前后雾灯全部开启，如果雾气非常大，还可将双闪灯打开，避免追尾和刮擦事故的发生。

2）注意限速行驶

即使在轻雾区也要适当降低行驶速度，适当加大行车间距。当能见度在500～200m 时，必须开启防眩目近光灯、示宽灯和尾灯，时速不得超过 80km/h，行车间距应保持在 150m 以上。能见度在 200～100m 时，必须开启雾灯和防眩目近光灯、示宽灯和尾灯，时速不超过 60km/h，行车间距保持在 100m 以上。能见度在 100～50m 时，除打开上述灯光外，时速不能超过 40km/h，行车间距保持 50m 以上。能见度在 50m 以下时为特浓雾，公安机关按照规定可采取局部或全路段封闭高速公路的交通管理措施，此时已经进入高速公路的车辆，驾驶员必须按规定开启雾灯和防眩目近光灯、示宽灯和尾灯，在保证安全的原则下，驶离雾区，但时速不得超过 20km/h，也可找就近的服务区暂避，等雾散后再行车。

3）要频繁和平缓踩刹车

大雾中行车时频繁和平缓踩刹车，一是可以控制车速；二是刹车时尾灯变亮，可提醒后面的车辆注意保持车距。在雾区行车时，一般不要猛踩或者快松油门，更不能紧急制动和急打方向盘。如果认为确需降低车速时，先缓缓放松油门，然后连续几次轻踩刹车，达到控制车速的目的，防止追尾事故的发生。

4）勤按喇叭

在雾天视线不好的情况下，勤按喇叭可起到警告其他车辆的作用。当听到其他车的喇叭声时，应当立刻鸣笛回应，提示自己的行车位置。

5）要注意行车路线的选择

雾天行车要尽可能靠路中间行驶，不要沿着路边行车，以防刮、碰、撞防护栏，避免与路边紧急停靠的车辆相撞。

6）适时靠边停车

遇到浓雾突然降临，来不及进入就近的服务区时，应尽快把车停靠在高速公路紧急停靠带上，同时打开雾灯、示宽灯和尾灯，并在来车方向 150m 以外设置警告标志。

停车后，从右侧下车，离路尽量远一些，千万不要坐在车里，避入护栏外以免被过路车撞到，等到视线恢复到一定程度时，尽快离开紧急停靠带，或根据实际情况到服务区找安全地带停靠。

7）遇交通事故应急处理

一旦发生交通事故时，应迅速采取安全措施，保护好现场，及时报案，以求最快处理现场。此时人必须远离车辆，最好避入护栏外，以确保自己的安全。后面来的车辆不要挤占紧急停车道，以免给交通管理部门的疏导交通、抢救伤员和清障救援等工作造成不便。

8）遇大雾滞留，要等视线完全恢复后再行车

遇到大雾天气，驾驶员一定要耐心等待，不能为了抢时间而贸然驶入雾区。因为大雾初散时，高速公路沿线的雾经常时浓时淡，造成车速难以控制，更容易发生交通事故，所以更不能掉以轻心。

4.3 冰雪天气道路平纵线形及组合因素对路侧事故的影响

本书选取江西省 2007～2012 年泰赣高速和昌金高速有弯坡的路段冰雪天气条件下的事故数据，共发生 97 起事故，其事故特征统计见表 4-6 和表 4-7。

表 4-6　弯道类型与事故类型统计

弯道类型	事故类型	数量/起
连续下坡	侧翻	2
	碰撞运动车辆	11
	撞非固定物	1
	撞固定物	7
一般坡	侧翻	3
	碰撞静止车辆	6
	碰撞运动车辆	8
	撞固定物	3
一般弯	侧翻	2
	碰撞静止车辆	3
	碰撞运动车辆	13
	撞固定物	7
一般弯坡	侧翻	4
	碰撞静止车辆	4
	碰撞运动车辆	17
	撞非固定物	1
	撞固定物	3
	滚翻	2

表 4-7　弯道类型与事故原因统计

弯道类型	事故原因	数量/起
连续下坡	低能见度气象条件下在高速公路上不按规定行驶的	8
	过度疲劳仍继续驾驶的	2
	机动车行驶超过规定时速 50%以下的	6
	在同车道行驶中，不按规定与前车保持必要的安全距离的	5
一般坡	低能见度气象条件下在高速公路上不按规定行驶的	6
	机动车行驶超过规定时速 50%以下的	5
	在同车道行驶中，不按规定与前车保持必要的安全距离的	9
一般弯	变更车道时影响正常行驶的机动车的	3
	低能见度气象条件下在高速公路上不按规定行驶的	5
	过度疲劳仍继续驾驶的	2
	机动车行驶超过规定时速 50%以下的	2

弯道类型	事故原因	数量/起
一般弯	驾驶条件不符合技术标准的机动车的	1
	驾车时有其他妨碍安全行车的行为的	2
一般弯坡	低能见度气象条件下在高速公路上不按规定行驶的	12
	过度疲劳仍继续驾驶的	3
	不按规定车道行驶	4
	机动车行驶超过规定时速 50%以下的	7
	在同车道行驶中，不按规定与前车保持必要的安全距离的	12
	驾车时有其他妨碍安全行车的行为的	3

4.3.1　平曲线指标对事故的影响

1. 平曲线半径

山区高速公路线形以曲线为主，用来连接曲线段的直线较少。昌金高速长直线段较少，长度大部分集中于 300～1200m，平曲线一般最小半径为 700m，全线设计速度采用 100km/h。昌金高速简易事故亿车公里事故率与平曲线半径关系如图 4-3 所示，由图可知，事故率与平曲线半径成反比关系，随着平曲线半径的增加，事故率呈现降低态势。

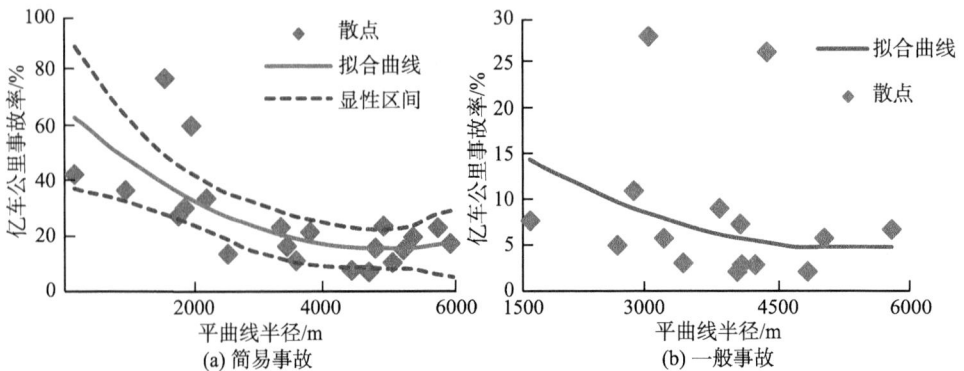

图 4-3　昌金高速亿车公里事故率与平曲线半径的关系

2. 平曲线偏角

平曲线路段曲线的偏角对事故数量的影响较大。山区高速公路因其特殊的地形条件，即使较小的偏角也会对视距、纵坡等指标产生显著影响，如导致驾驶员产生急弯错觉等，极端情况下则会引发交通事故（刘建军等，1998）。

亿车事故率与平曲线偏角大致呈抛物线关系，偏角存在某一极小值，在该值周围一定区间内，亿车公里事故率指标降到最低水平。昌金高速简易事故亿车公里事故率与平曲线偏角的关系如图 4-4 所示。

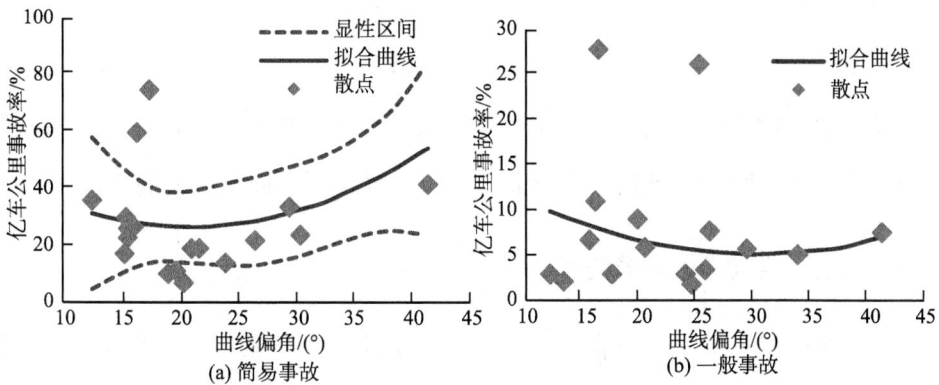

图 4-4　昌金高速亿车公里事故率与平曲线偏角的关系

4.3.2　纵断面指标对事故的影响

山区高速公路线形的纵断面包括纵坡度和竖曲线两个要素（管满泉，2008）。

1. 纵坡度

高速公路的纵断面线形影响汽车动力性能。长大纵坡对货车是个严峻的考验，超载货车在上坡路段行驶缓慢，妨碍后面车辆，尤其是快速、动力性能较好的小汽车，使超车需求增多，以至于引发诸多在视距、公路、通行等方面不具备超车条件路段的事故，增大了安全风险。长大纵坡路段增加下行车的制动次数，而连续下坡会使刹车过热，易导致刹车失灵而引发交通事故。

在冰雪天气条件下，车辆行驶在连续下坡和一般下坡，由于能见度低、超速和不够安全距离造成的追尾事故较多。事故率随着纵坡度的增大呈现上升趋势，而且下坡路段事故率比上坡路段事故率要高，主要原因还在于下坡路段的紧急制动距离较长，易引发刹车失灵而导致事故的发生（徐发尧，2013）。

2. 竖曲线

高速公路设计中竖曲线旨在为了实现变坡点处坡度的变化，该过渡曲线包括凸曲线和凹曲线，其半径大小将直接影响过渡效果，尤其是山区高速公路。

凸曲线对车辆运行安全的影响也较大，其原因在于凸曲线对车辆行驶过程中驾驶员的视距影响较大，半径增大也造成了行车视距变大，而小半径易限制视距，同时也会引发驾驶员的视觉差错，导致操作不当而发生交通事故。

4.3.3 弯坡组合对事故的影响

影响交通安全的线形组合包括：①同一平曲线上存在多个竖曲线，而多于两个竖曲线易引发驾驶员的紧张感；②同一竖曲线内存在多个平曲线，同样不利于安全驾驶；③同向小曲线间短直线组合而成的断背曲线，易使驾驶员产生反弯错觉；④凸凹曲线内设置小半径平曲线的起点；⑤凸曲线顶部、凹曲线底部设置平曲线反向拐点。

实践表明，弯坡路段发生的事故较多，说明平竖曲线的组合对交通安全的影响尤为显著。冰雪天气条件下在一般弯坡路段低能见度造成视线受阻，车辆间为保持安全距离是造成事故的主要原因。在弯坡路段没有及时降速也是造成事故的原因之一。另外，部分较大纵坡度对应的小半径曲线路段也会导致事故频发，故山区高速公路线形设计中，应尽量避免急弯陡坡路段。对平曲线上设置变坡点等线形组合形式均会对交通安全产生一定或潜在的影响，需引起足够重视。

参 考 文 献

管满泉, 2008. 基于交通安全的道路线形分析[J]. 中国人民公安大学学报: 自然科学版, 14(3): 2-5.

刘建军, 姜文龙, 许洪国, 等, 1998. 道路的平曲线特性与交通事故[J]. 中国人民公安大学学报:
自然科学版, (4): 17-23.

马壮林, 2010. 高速公路交通事故时空分析模型及其预防方法[D]. 北京: 北京交通大学博士学位
论文.

徐发尧, 2013. 特殊天气条件下农村公路交通安全保障研究[D]. 西安: 长安大学硕士学位论文.

许先锋, 2007. 不良天气条件下高速公路安全控制研究[D]. 青岛: 山东科技大学硕士学位论文.

赵利苹, 2013. 风雨耦合作用下高速公路交通安全与控制策略研究[D]. 西安: 长安大学博士学位
论文.

第5章 不利天气条件下障碍物对山区 高速公路路侧事故的影响

目前高速公路安全设计主要集中于道路平、纵、横线形等方面，对行车道以外的空间考虑很少，而实际运营管理结果表明，路侧障碍物（包括固定障碍物、挖方路堑和填方路堤等）对交通事故的发生及伤亡程度影响较大。美国联邦公路局1997年的统计数据显示，与路侧障碍物相撞致死的总人数占交通事故总死亡人数的29%。其中，与路侧树木相撞造成2900人死亡，占死亡总数的7.8%；单车冲出路外事故每年达100万起，占全部事故数的18%和全部致死事故数的44%，每年总社会损失达1000亿美元。江西省高速公路的交通事故调查结果表明，冲出路外事故在所有伤亡事故中达28%。这些均说明行车道以外空间，即路侧环境，对道路交通安全的影响重大。改善道路交通安全，必须改善路侧环境。

5.1 不利天气条件下路侧障碍物对路侧事故的影响

5.1.1 路侧障碍物的定义

路侧障碍物是指路侧净区以内对失控车辆可能造成严重伤害的各种障碍物，而路侧净区以外的障碍物不称为路侧障碍物。路侧障碍物主要包括两大类：一类为天然障碍物，是指天然的树木、水体、山坡或者陡崖等；另一类为人工障碍物，包括各种路侧安全设施（如护栏、防撞垫等）以及路侧安全设施以外的各种沿线设施（如声障墙、电线杆、标志立柱、桥梁墩台和各种排水设施等）。从路侧障碍物的类型来看，人工障碍物比天然障碍物复杂多样。其中，护栏虽然具有防护作用，但本身也是一种路侧障碍物，对伤亡事故影响较大。根据美国1993～1999年的统计数据，护栏在路侧致死事故起因中排名第四，仅次于路侧树木、涵洞/沟渠和填方边坡，平均每年导致 1100 多人丧生。

5.1.2　路侧障碍物事故特征

对比分析美国 1993～1999 年路侧障碍物致死人数（表 5-1）、我国部分双车道普通公路路侧障碍物碰撞次数（表 5-2）和江西省高速公路路侧障碍物碰撞次数（表 5-3），可以得到以下结论。

表 5-1　美国路侧障碍物致死人数统计　　　（单位：人）

路侧障碍物种类	1993 年	1994 年	1995 年	1996 年	1997 年	1998 年	1999 年	总计
树木	3035	3014	3198	3128	3220	3226	3348	22169
涵洞/沟渠	1359	1380	1476	1437	1396	1491	1481	10020
填方边坡	1060	1143	1269	1239	1186	1206	1268	8371
钢板护栏	1128	1125	1191	1137	1159	1248	1185	8173
电线杆	1274	1096	1135	1096	1111	1092	1070	7874
缘石/挡墙	810	830	921	947	915	823	753	5999
其他固定物	575	587	564	569	534	508	508	3845
标志立柱	471	453	580	634	514	504	546	3702
栅栏	397	441	432	478	429	473	512	3162
桥梁墩台	448	434	459	435	431	402	409	3018
其他立柱	301	350	359	404	359	312	352	2437
混凝土护栏	229	183	229	221	239	259	280	1640
孤石	82	96	90	93	97	90	91	639
建筑物	100	77	77	62	96	78	81	571
防撞垫	23	28	35	26	19	19	24	174
总计	11292	11237	12015	11906	11695	11731	11908	81784

表 5-2　我国部分双车道普通公路路侧障碍物碰撞次数统计

路侧障碍物	事故比例/%	路侧障碍物	事故比例/%	路侧障碍物	事故比例/%
行人	23	其他固定物	5	孤石	2
静止车辆	14	建筑物	4	坠入深谷悬崖	1
边沟	13	设施柱杆	4	路缘石	1
行道树	11	山体、岩壁	2	边坡	1
侧翻	9	护栏	2	桥梁	1
路桩、隔离栅	5	撞边坡	2		

数据来源：何勇，唐琤琤，2008. 道路交通安全技术[M]. 北京：人民交通出版社.

表 5-3　江西省高速公路路侧障碍物碰撞次数统计

固定物类型	碰撞次数
一般路段路侧护栏	20
路侧过渡段护栏	2
出口匝道护栏	1
中央分隔带护栏	13
中央过渡段护栏	1
中央带开口护栏	1
中央带缘石	13
路侧填方边坡	9
排水沟	6
路侧挖方边坡	2
上跨桥墩	1
合计	69

通过对比表 5-1 和表 5-2 可知,美国路侧障碍物排名与我国普通公路路侧障碍物排名较为类似。

通过对比表 5-1 和表 5-3 可知,江西省高速公路路侧障碍物与美国的路侧障碍物排名差异大。美国排名前十的路侧障碍物分别为树木、涵洞/沟渠、填方边坡、钢板护栏、电线杆、缘石/挡墙、其他固定物、标志立柱、栅栏、桥梁墩台。而江西省高速公路排名前五的路侧障碍物为一般路段路侧护栏、中央分隔带护栏、中央带缘石、路侧填方边坡、排水沟。

产生这种结果的主要原因是中美两国高速公路设计思路与设计理念的差别。美国公路和高速公路一般采用低路堤和较宽的中央分隔带,其乡村高速公路上基本上不存在连续的路侧障碍物(如一般路段路侧护栏和中央分隔带护栏),因此美国公路上的障碍物跟中国普通公路路侧障碍物较为类似,路侧事故车辆与护栏相撞的次数不多。并且美国的研究指出,设置路侧安全设施一般会增加交通事故(巴布可夫,1990)。

美国加利福尼亚州曾就是否设置中央分隔带护栏进行过专门的前后对比研究，结果表明，中央分隔带护栏虽有效防止了事故车穿越中央分隔带的恶性事故发生，但却增加了事故总数。对高速公路和快速路而言，增加率为10%～20%；但对非高速公路，增加率为50%，甚至更多。护栏安装减少原有的侧向净区，是事故率增加的主要原因（邓燕飞等，2012）。故在可设可不设的条件下，最好不设中央分隔带护栏。

我国高速公路路面以四车道居多，路幅宽度一般为 23～26m，其中包括2.5～3m 的硬路肩，0.5～0.75m 的土路肩，中央分隔带一般较窄，宽度通常为1.5～3m，如图 5-1 所示。在平丘区基本采用高路堤设计，路堤两边通常设有矩形或者梯形排水边沟。这种典型横断面组成形式决定了路侧障碍物的特点。

图 5-1　典型平丘区四车道高速公路

首先，为了防止车辆冲出路外发生严重交通事故，全线连续设置路侧护栏，路侧护栏以半刚性波形梁护栏为主，大型构造物则采用混凝土桥梁护栏。路基段和桥梁段护栏一般缺少可靠的刚度过渡连接，边坡坡脚一般很少设置事故车辆恢复区，同时由于不可穿越边沟的存在，若车辆冲出路侧护栏，通常还会与边坡和坡脚边沟二次碰撞（李远涛等，2009）。

表 5-4 给出了现行江西省高速公路上常用护栏的相关数据，其横断面尺寸、连接托架及柱体埋深等指标有一定不同，这也决定其防撞强度和防护能力等有所差别。

表5-4　护栏横断面材质及钢架尺寸

类型	W板或三波板/cm³	钢柱	托架底面积/cm²	钢柱底面积/cm²	柱体长度/cm	柱体埋深/cm	柱体连接面积/cm²
Gr-A-4E	310×85×4	f140mm×4.5mm	—	19.16	215	140	400
Gr-A-2E	310×85×4	f140mm×4.5mm	—	19.16	215	140	200
Gr-SB-2E	506×85×4	f140mm×4.5mm	—	19.16	250.3	165	200
SGR02	312×83×3.43	S75mm×8.5mm	17	11	160	82.4	381
SGR04	312×83×3.43	W150mm×13.5mm	17	17	198	115.3	190.5
SGR09	506×83×3.43	W150mm×13.5mm	26	17	198	115.3	190.5

其次，由于中央分隔带较窄，高速公路一般需要连续设置中央带护栏。为了满足中央分隔带排水需要，通常与护栏同时配置不可穿越式的缘石；为了满足中央分隔带绿化的要求，中央分隔带培土一般高出路面10～20cm。如果事故车撞中央带护栏，基本会同时与缘石碰撞，并向上跳起；如果护栏强度不足，可能发生事故车穿越中央分隔带，导致与对向来车相撞的恶性事故（陈乐生等，2005）。

分析泰赣高速公路路侧交通事故中，未发现车辆与路侧树木相撞的事故，主要是因为江西省高速公路路基边坡一般较陡，不适宜种植高大的树木，一般边坡都是采用植草绿化或者硬防护。可见，我国的高速公路上，主要路侧障碍物是连续设置的路侧护栏和中央分隔带护栏，以及其他沿线设施，如填方边坡、边沟、挖方路堑、标志立柱、涵洞翼墙、上跨桥和梁墩台等。

5.2　不利天气条件下驾驶员路侧视域尺度对路侧事故的影响

在高速公路交通事故中，尽管有诸多因素的影响，但是交通参与者的因素是最重要的，交通参与者包括机动车驾驶员、高速公路管理者及与交通进行有关的所有人。

1）降雨天气对驾驶员视域的影响

降雨天气会对驾驶员的生理和心理产生影响。生理上，雨天行车会对驾驶员的视线造成很大的障碍。空中的雨点不断飘落，让驾驶员的视线变得越来越模糊。同时，空中雨点和路面上的积水具有折射视线，造成视线的混乱，不能很好地感知周围环境的变化。车辆后视镜和挡风玻璃受雨水水滴的影响，视认性变差，驾驶员不能及时看清楚后方车辆的情况，在变道超车时会有碰撞的危险。如果雨量较大，甚至看不清路面的车道线，雨刮滑动也会造成驾驶员视线范围的减小。车辆在雨中行驶，由于速度较高会带起大量的水雾，造成能见度变差。降雨会造成环境上的单一，而且雨中无法打开车窗等设施，车内空气流通性差，会让驾驶员更容易感到疲惫。心理上，在雨中行驶，视野和车内空气变差会使驾驶员的心情急躁，脾气变差，易发火，有时候会意气用事，做出错误的决定。同时，雨中行驶会使驾驶员的心理紧张，造成判断力和反应能力下降。

2）冰雪天环境影响

冰雪天气相对于降雨天气没有那么频繁，但是在冰雪天气下交通事故更容易发生，且经常会造成连续的碰撞事故。每年我国北方都会因为冰雪天气而使得高速公路封闭，造成人员的出行不便和大量的经济损失。

在冰雪天气下行驶，驾驶员的生理和心理都会受到一定的影响。下雪时，降雪会像降雨一样造成能见度降低，同时冰雪天气的低温也会造成车内形成暖雾，在前挡风玻璃上产生水雾，影响驾驶员视线。冰雪天气下车辆的速度低，制动和减速的次数明显增加，同时由于车内温暖的温度和周围单一环境的影响，驾驶员容易发困，判断力和反应能力会降低，长时间的驾驶会增大驾驶员暂时性睡眠的可能性。雪后天晴时，由于雪地对光线的反射，有的驾驶员会有"雪盲症"，给车辆行驶带来危险隐患。同时白天已经消除的冰会在晚上重新冻结成"黑冰"，驾驶员在行驶时很难发现，容易造成车辆因为发生侧滑而导致交通事故的发生，且道路存在局部的附着系数不一样，制动和加速时更容易发生侧滑。

3）雾天对驾驶员的视域的影响

雾天因路侧景物模糊不清导致驾驶员失去了车速判断的参照物，因而驾驶员无法把握好车速，潜意识里认为车速不高。分析京珠高速粤北段 2012 年雾天发生的 92 起道路交通事故发现，有多起道路交通事故是由超速行驶引起的。

1975 年美国加利福尼亚州至纽约的高速公路,曾发生因大雾致使 300 多辆车连环相撞,死亡逾 1000 人。2007 年 4 月 13 日,成渝高速出城方向来凤段 2000km 长的路段,发生 14 起追尾事故,52 辆汽车受损,造成 5 人死亡、36 人受伤,其事故成因同样是大雾弥漫阻碍了驾驶员的视野。

由于雾中的水粒、小颗粒等会对光线产生折射和散射,并能吸收光线,人的辨识能力下降,导致驾驶员看不清前方和周围的情况,致使驾驶员对前后车距、车辆的行驶速度无法准确判断,有可能看不到或者看错交通标志,或者看成别的标志设施,容易形成追尾事故。视野的下降会造成驾驶员心理的紧张。根据相关调查发现,有大半驾驶员在进入雾区时心理过度紧张,有 80%左右的驾驶员在雾天开车易疲劳,有 90%的驾驶员会改变习惯驾驶姿势,往往在发生紧急状况时按习惯操作而导致交通事故。

4)风天对驾驶员的影响

受到风的影响,驾驶员比平时更容易感到紧张。同时气动力系数会随着风力的增加而增大,使得车辆的气动稳定性下降,会给驾驶员造成是路况变差的错觉,同时会降低驾驶员对方向的把控能力。

5.3　路侧安全净区范围限制

在山区高速公路路侧规划设计中,应以行车速度作为控制路侧尺度设计的依据,在分析驾驶员动态视域的基础上,计算出平纵路段驾驶员注意力集中视域范围,作为景观安全规划集中控制区的尺度参考,用以引导驾驶员的安全驾驶行为(朱兴琳等,2010)。

5.3.1　直线段视域净区限制

直线段视域满足 $D = L\sin\alpha$,如图 5-2 所示。

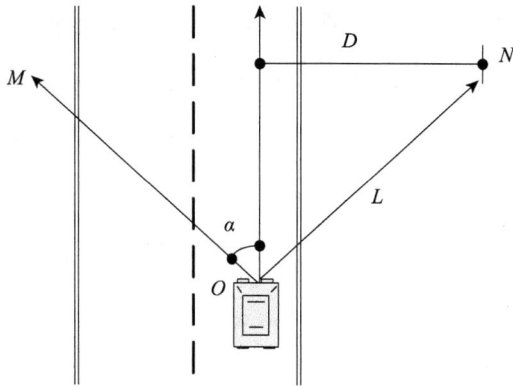

图 5-2　驾驶员水平视域区

由大量驾驶员实车测试可知，车速提高会导致驾驶员的视角缩小和集中点前移，使得其注意力集中视域区相应变长、变窄。实验结果表明，车速为 $v=120$km/h 时，驾驶员注意力集中距离 $L=520$m，视角 $\alpha=11°$，$D=110$m；当车速降低至 110km/h 时，上述 3 个指标也相应地变化为 $L=410$m，视角 $\alpha=18°$，$D=135$m。

驾驶员视点到路边界的横向距离远远小于 D，故可忽略不计，将 D 作为路侧视域净区严格控制，对于易分散驾驶员注意力的大型广告牌和交通标志等，应设置在 D 区域之外，以防止阻碍驾驶员的视线。当然，在路侧视域净区设计时，需着重考虑高速公路的设计速度和线形因素等指标。若在路侧视域净区 D 范围内有高大乔木等路侧障碍物种植，则需对其移除或减弱，改植灌木等低矮绿化植物或设置暗沟或浅碟沟，如图 5-3 所示，否则，极易导致遮挡视线和视距不良而引发交通事故。

图 5-3　移除或减弱路侧障碍物

隧道出入口处驾驶员的视域受到一定限制，考虑到路基与隧道的横向宽度、布置存在不一致的情况，应在隧道与洞外连接道路间设置有过渡段，通过护栏实现过渡，使车辆能够顺利驶入隧道，并在隧道拱门增设反光标志（图5-4）。强化隧道出入口段标线设置，合理引导车流（图5-5），同时增设隧道出入口中央监控、警示灯和照明设施（图 5-6）。在可能有积雪的地区，将护栏设置成能够拆卸的防护装置，方便积雪清理。

图 5-4　隧道出入口处护栏衔接过渡段和洞口反光标志

图 5-5　隧道出入口段标线设置

图 5-6　隧道入口中央监控、警示灯与照明设施

5.3.2　曲线段视域净区限制

如图 5-7 所示，在车辆运动轨迹曲线 MN 上取不同位置 A_1，A_2，A_3，…与最短视距间的连线 A_1B_1，A_2B_2，A_3B_3，…，则与这些视线相切的曲线 P 称为视距曲线，其与曲线 MN 间的横向距离为横净距 h。横净距区域内一切障碍物均应清除，以保证通视的基本要求，路侧设施均应在该区域外设置，如广告牌、照明灯具和交通标志等。

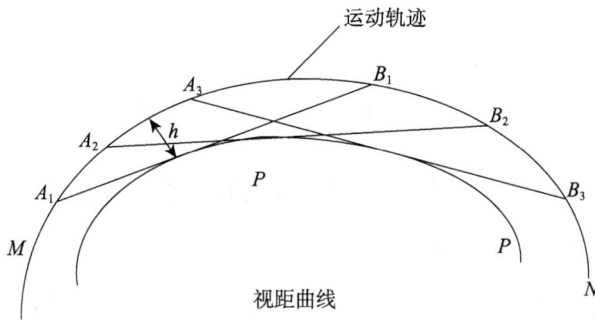

图 5-7　弯道内侧应保证通视的区域

如图 5-8 所示，设水平弯道长为 L、半径为 R、驾驶员视距为 S，则当 $L > S$ 时，横净距 $h = R(1-\cos\alpha)$，$S = R \cdot \pi/180° \cdot 2\alpha = R\pi\alpha/90°$，得 $\alpha = 90°S/\pi R$。当车辆以速度 v 行驶时，停车视距为 d，曲线最小半径为 R_{min}。若取最不利情况，$S=d$，则 $\alpha=90°d/\pi R$，$h = R[1-\cos(90°d/\pi R)]$。当受地形条件限制，$R$ 取最小值 R_{min} 时，可确定最小横净距 $h_{min}= R_{min}[1-\cos(90°d/\pi R_{min})]$。根据速度和视角的关系，对应于一定设计速度 v 驾驶员所看到的横净距段称为最小可视净距，记为 $d=R_s(1-\cos\alpha)$。当 $L<S$ 时，可得 $h_1=R[1-\cos(90°d/\pi R)]$，$h_2=(S-L)/2\sin(90°d/\pi R)$，则横净距 $h=h_1+h_2=R[1-\cos(90°d/\pi R)] + (S-L)/2\sin(90°d/\pi R)$，那么当 $R = R_{min}$ 时，最小可视净距为 $d=R_{min}[1-\cos(90°d/\pi R_{min})]$。

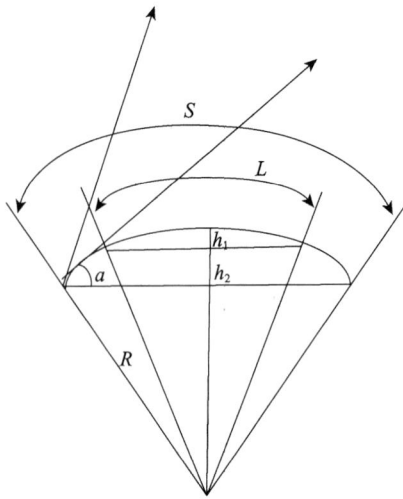

图 5-8　横净距与可视净距计算

根据《公路工程技术标准》和速度-视角间关系，可计算出不同设计速度下公路的最小横净距及最小可视净距的大小，如表 5-5 所示。因此，在对水平弯道段处进行路侧景观布设时，要清除横净距 h 区域内的障碍物，以确保视域通畅，并将可视净距 t 作为景观规划集中控制区，在横净距 h 以外的可视净距 t 区域内进行相应的景观设计。

表 5-5　计算最小横净距及可视净距

项目	数值						
速度 v/(km/h)	120	110	100	90	80	70	60
视角 α/(°)	11	18	20	25	30	36	43
一般最小半径 R_s/m	1000	850	700	550	400	300	200
停车视距 d/m	210	180	160	135	110	95	75
横净距 $h_{min}=R_s[1-\cos(90°d/\pi R_s)]$/m	35.5	19.9	24.4	147	409.7	581.5	250
可视净距 $d_{min}=R_s(1-\cos\alpha)$/m	18.4	41.6	42.2	51.5	53.6	57.3	53.7

井睦高速 K21+964.782～K23+006.93 处为一半径为 1400m 的曲线路段，全线设计速度为 80km/h，如图 5-9 所示，其中 α 为满足停车时距时的视角，β 为可视视角。

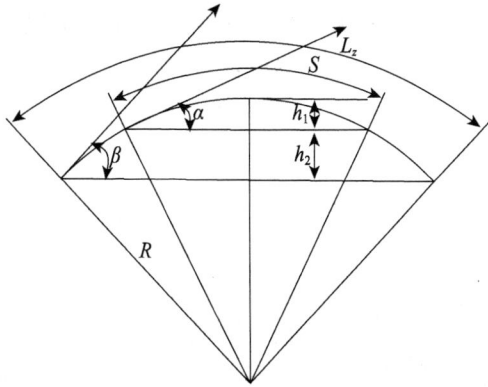

图 5-9　井睦高速某弯道示意图

由表 5-5 可知，车速为 80km/h 对应的停车视距为 110m，视角 $\alpha=30°$，属于 $L<S$ 的情况，则根据图 5-9 的分析可知，该弯道路段最小横净距为 $h_1=R(1-\cos\alpha)=R[1-\cos(S/2R)]=1400\times(1-\cos110/2800)=1.08(m)$，最小可视净距为 $h_1+h_2=R(1-\cos\beta)=1400\times(1-\cos30°)=187.6(m)$。故对弯道段处进行景观设计时，要清除横净距 $h_1=1.08m$ 区域内的障碍物，以确保驾驶员视域不被遮挡，并将可视净距 $h_1+h_2=187.6m$ 作为景观规划集中控制区，在横净距 $h_1=1.08m$ 以外的可视净距 $h_2=186.52m$ 区域内进行相应的景观设计。

5.3.3　纵坡段视域净区限制

车辆行驶在陡坡路段时，尤其是凸形曲线，易形成视野盲区。如图 5-10 所示，令路段坡度为 θ，驾驶员视点为 O，驾驶员的视高为 h，视角为 α，M 是半径为 R 的缓和曲线坡面的最高点。根据《公路工程技术标准》规定，高速公路最大纵坡度一般不超过 6%，即 $\theta=\arctan6\%=3.4°$。当车速为 120km/h 时，驾驶员的视角为 12°，故在上坡段驾驶时驾驶员的仰角 $\alpha>\theta$，表明上坡路段均处于驾驶员视野范围内，不存在视野盲区，无须设置任何警示或诱导标志。当坡顶为凸形曲线最高点处 θ 较大时，为降低暗凹路段的不良影响，应保证驾驶员的路面可视距离不小于停车距离，可从最高点 M 起，以不小于停车视距 d 为间距设置，设置警示标志并进行视线诱导栽植，保证停车视距 d 处的路侧绿化树木的高度不小于 $d \cdot \tan\theta$，如图 5-11 所示。

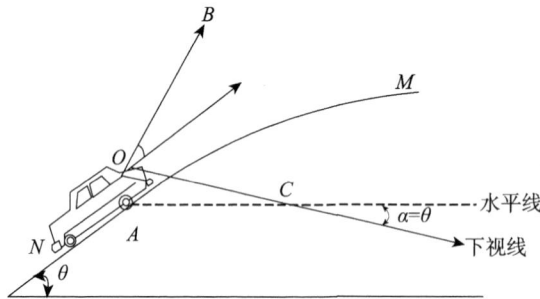

图 5-10　上坡段驾驶员纵向视域

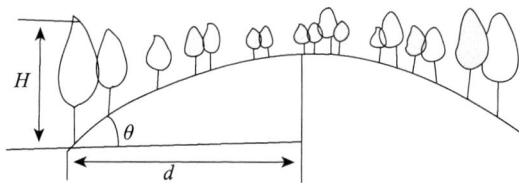

图 5-11　凸形纵坡路段的诱导栽植

5.4　路侧障碍物合理化设置建议

5.4.1　路侧障碍物设置原则

通常情况下，若路侧净区不能得到满足，即无法消除所有的路侧障碍物，则对路侧净区内的路侧障碍物如何处理成为关键。按照宽容设计理念，对位于路侧安全净区内的各类障碍物，美国国家公路与运输协会（American Association of State Highway and Transportation Officials，AASHTO）路侧设计指南提出了侧向净区内所有障碍物的处理顺序建议：

第一，清除路侧障碍物；

第二，重新设计障碍物，使车辆能安全穿越；

第三，将障碍物挪至不易受撞击的位置；

第四，采用解体消能设施减少车辆撞击的事故严重程度；

第五，采用纵向护栏保护障碍物或在障碍物前设置防撞缓冲设施；

第六，若条件受限，则应对障碍物加以标示，使其更为显眼。

我国《公路交通安全设施设计细则》参照美国路侧设计提出如下建议：当公路路侧安全净区内设置的交通标志、可变信息标志、照明灯具、摄像机等的立柱和基础不能采取能使车辆安全穿越的措施时(如去除、将障碍物设计成车辆可安全穿越的设施、移位，或采用解体消能结构等)，则应按护栏设置条件设置路侧护栏予以防护。

5.4.2　路侧障碍物合理化设计

清除、挪走或者重新设计主要包括砍树、移石，移动标志、灯杆等路侧设施的基础结构，重新设计路肩横坡、路缘石、路基边坡、排水沟底及涵洞出口等项目。较为典型的有如图 5-12 所示的涵洞的出口翼墙设计，当涵洞结构长度较短时，翼墙很容易成为路侧净区内的障碍物，可以通过设计更长的涵洞结构长度取消翼墙。同时，涵洞出口也可以做成与边坡齐平，必要时加盖。

图 5-12　考虑路侧安全的涵洞出口设计

排水沟渠设计中，对于矩形边沟，可以通过加盖处理，避免边沟本身成为障碍物。图 5-13 所示即为边沟加盖和不加盖的情形，对比发现，护栏后面加盖的边沟使得矩形边沟本身不再成为路侧障碍物，也不会对事故车辆造成进一步的伤害，符合宽容公路的设计理念。而护栏后不加盖的矩形边沟，当两者间距小于护栏碰撞变形时，边沟可能成为事故车辆的另一个路侧障碍物。故若条件不允许将矩形边沟设计成浅碟型边沟（边坡内侧坡度为1：4.5或更缓）时，则需进行加盖设计。

(a) 加盖   (b) 不加盖

图 5-13 路侧边沟处理方式

挡水的路缘石可设计成可穿越式的，即迎水面设计成可穿越坡形斜面，而不是垂直的，既可以满足挡水要求，也可以防止缘石对事故车辆造成过大伤害。特别是当缘石后有护栏设施时，缘石正面位置应不超出护栏横梁正面。这样做的目的是要确保缘石不改变碰撞车辆的碰撞轨迹，而削弱护栏的防护作用。

5.4.3 路侧障碍物解体消能设计

解体消能设计的目的是通过对路侧障碍物设施的特殊设计，使障碍物设施在事故车辆撞击下解体以降低事故严重程度。解体消能设计要求障碍物设施在动、静荷载下维持正常功能，只有在事故车撞击下解体，而设施解体后的残余部分允许车辆能完全穿越通过。采用解体消能设计的障碍物将不再是固定障碍物，故解体消能设计可以有效减少路侧障碍物。解体消能设计主要有三种主要方式：①弯曲变形；②剪切破坏；③直接断裂。图 5-14 为打孔的 U 型扁钢标志立柱、滑动标志基础和薄弱截面，即为上述三种方式的典型代表。

(a) U 型扁钢标志立柱　　　　(b) 滑动标志基础　　　　(c) 薄弱截面

图 5-14　立柱解体消能设计

图 5-14（a）所示的打孔 U 型扁钢标志立柱广泛应用于停牌等各种小型标志的立柱。因其本身强度很低，在较小的撞击力下马上弯曲变形，故对事故车辆损害较小。图 5-14（b）所示的滑动标志基础实际上是开 U 型槽口的法兰盘。在事故车撞击下，连接法兰盘的螺栓与法兰盘在剪力作用下滑离，从而达到解体的效果。为防止倒下的标志板肇事，一般还需在一定高度处增设立柱解体消能连接设施。图 5-14（c）所示的直接断裂式的解体消能连接一般采用薄弱横截面连接，在事故车撞击下，连接在薄弱截面处首先断裂，从而达到解体消能、保护事故车辆和乘客的效果。

解体消能设计中，撞击高度、连接螺丝紧固程度、横截面削弱程度以及土壤结构条件的考虑等指标均为专利技术，必须通过实验验证。采用解体消能设计的标志板面面积一般不大于 $5m^2$。同时，解体消能的下部连接结构不应高于 $10\sim15cm$，避免残余部分对事故车造成损害。

5.4.4　路侧障碍物标示

对无法清除、挪走、避开或者重新设计和有效隔离防护的障碍物，如挡土墙和隧道侧墙等，应能采取必要的标示设计。在隧道进口处，洞壁侧墙是路侧障碍物，是不可移走的，在采用护栏进行隔离防护的同时可采用标示的方法。

通过施划立面标线，使其更容易识别和避让，减少路侧事故的发生。图 5-15 和图 5-16 分别为隧道入口的护栏保护和立面标线设置。

图 5-15　隧道入口护栏保护设置

图 5-16　隧道入口立面标线设置

5.5　考虑驾驶员视域尺度的路侧景观设计

5.5.1　山区公路景观设计基本原则

公路路侧景观，即呈现在驾乘人员和周围居民视线中的公路自身及周边环境组成的景象，不同于园林和建筑等静态景观，其最显著的特点是动态性，即驾驶员观赏公路景观是在高速运动状态下进行的。

1. 安全和舒适原则

山区高速公路景观的首要目的是为了提高道路的安全性和舒适性。山区高速公路车辆速度快、交通量大，其景观对驾驶员行驶的视觉和心理感受有一定的影响。一个好的山区高速公路景观可舒缓驾驶员行车的紧张感和不安情绪，还能引导道路交通，对于提高高速公路的通行安全性和舒适性有极大的帮助。高速公路的绿化景观在树种的选择、植被的高度、株距和绿化色彩的控制方面对于道路的交通安全有十分重要的影响。过于单调、呆板乏味的绿化会使驾驶员产生视觉疲劳，过于缤纷的植物色彩又容易分散驾驶员的注意力；中央分隔带绿化过低则容易造成对向车辆的驾驶员眩光，过高则不利于驾驶员观察前方交通情况，从而加剧驾驶员的心理危机感。

另外，科学合理的交通设施设置，路灯的照明状况，以及广告牌和建筑小品的设置，对于提高交通安全性和舒适性都有很大帮助。因此，山区高速公路的景观设计首要遵循的原则是安全与舒适原则，提供一个安全舒适的行车空间环境。

2. 视觉和比例原则

视觉是人认识外界环境、判断外界事物的物理特征的基础。据相关研究显示，人类获得的 90%以上的外界信息来源于视觉感受。随着车速的加快，司乘人员对道路周边景观的观察和处理信息的能力会随之下降，同时其观察视野相应变小，注视点也变远等。

由于高速公路多用于快速通行的机动车使用，因而其景观设计一般多采用大尺度的景观设计手法来组织高速公路景观的各个部分，使其内部之间的视觉景观和景观比例合理化。例如，宽路面搭配窄路肩容易造成驾驶员的视觉不适而引起交通事故；高速公路两侧不宜设置狭窄的路旁地带，会增加驾驶员的紧张感；高速公路种植不宜采用孤植或者单株小型植被，容易干扰驾驶员的视觉等。总而言之，高速公路景观要保持各部分的均衡协调，以此达到舒适的视觉感受和比例尺度。因此，对于山区高速公路景观的设计应满足司乘人员的视觉和比例原则，满足不同速度下的人的视觉需求和比例尺度。

3. 统一和变化原则

山区高速公路景观设计不宜生搬硬套平原高速公路景观形式，一味追求千篇一律的统一感，而是应根据山区地理地貌，在保持统一的风格主题下，充分表现出不同韵味的景观特色，避免驾驶员对沿途单调景观形成乏味感，造成注意力不集中和反应迟钝。山区高速公路随地形的起伏，随山蜿蜒，高速公路的线形曲直变化丰富，且沿路的景观元素多变，时而穿行在自然山林之中，时而高架于河流上空，时而钻入山体内部等，形成富有节奏感、多变性的高速公路景观。

因此，山区高速公路景观要遵循统一和变化的原则，不仅要坚持一定的风格和主题的统一，还需实现在统一中寻求丰富变化，达到局部风格统一于整体风格的目的。

4. 融合和协调原则

山区高速公路的景观设计不仅要考虑道路自身的绿化景观、道路铺装和道路设施的设置，还要考虑道路周边的自然山体、河流水系以及道路轮廓线等；不仅要考虑道路景观内部各个组成部分的协调，还要考虑其形成的整体景观的统一和景观融合，以此形成有机协调的整体。例如，高速公路的线形和沿路的绿化组织，应协调好两者关系，避免出现视觉景观空间的不连续感；各个景观元素之间应相对独立，但不应互不相容，从而造成视觉的冲突感，增加驾驶员的紧张情绪；高速公路的线形和自然山体直线应保持协调，避免生硬的接触而产生不良的景观空间。不仅如此，山区高速公路景观还要根据当地的历史文化和民俗风情来进行设计，将地域文化融入到道路景观设计中。

5. 保护和发展原则

山区高速公路景观设计还应遵循保护和发展的原则。由于高速公路的布线要求尽量顺直、坡度变化小的特点，而山区地形起伏变化多，地形复杂且自然生态环境较为敏感，高速公路的建设难免会对沿线的地形、自然山体和河流水系等自然环境造成一定的破坏。为了避免和降低其对原始环境的影响，其景观设计应起到保护原有地形、自然环境的生态稳定等，使其生态环境效益得以延续和发展。另外，高速公路的修建难免会对当地的文化景观和历史文物古迹造成一定的破坏和干扰。例如，形单影只的上百年古树会由于高速公路的修建而被推倒；名胜古迹由于附近高速公路的跨越而使其失去了原有的韵味和场所感。因此，高速公路的景观应遵循保护和发展的原则，尽可能地降低对当地的历史文化景观的干扰和破坏，保护其独特的场所氛围。同时，通过道路景观的设计弘扬其文化特色，传承和发展其历史文化，使得山区高速公路富有历史文化内涵。

5.5.2 公路景观功能

高速公路的景观功能包括以下四个方面，即使用功能、精神功能、美化功能、安全保护功能。

（1）使用功能是高速公路景观功能构成的首要方面。公路景观是能够被驾乘人员所感知，间接引导驾驶员的心理和行为，为道路使用者提供一个安全、舒适、美观、生态的行车环境，同时还可以起到改善视觉环境、固土护坡、降噪吸尘、净化空气、预防眩光、诱导视线等作用。

（2）精神功能是指通过高速公路景观所展现出来的环境气氛，满足人们在视觉、情感、自然、人文等方面的精神需求。精神功能的表现需要设计者对自然、社会、生态、艺术、历史等方面有独特的理解，并通过个性化的设计方法表达出对景观环境的内涵与本质的独特认识，使得高速公路景观的观赏者能够得到完美的精神满足。

（3）美化功能是指通过公路景观的营造来改善视觉环境，创造出美观舒适的公路行车环境。美化功能的实现要注重景观元素的尺度、比例、色彩、布局、造型等因素，以美学理论为指导，充分美化视觉环境，提高驾驶员行车体验。

（4）安全保护功能主要包括生态环境保护和行车安全保护两方面。公路景观不仅要能恢复沿线生态环境，还要能实现遮光防眩、视线引导、明暗适应、生物封闭等功能，从而增强行车安全。例如，路侧种植高大密集的乔灌木带以屏蔽路侧不良的视觉环境，弯道外侧种植乔木引导驾驶员视线，互通式立交的进、出匝道附近进行标志栽植以提示驾驶员注意，隧道出入口处栽植高大的乔木缓解驾驶员的"暗适应"现象。

5.5.3　山区公路空间景观设计

路线所经过的地理环境的不同决定了高速公路空间特点有很大的不同，如山区公路空间较封闭、层次较多（沿海公路视野开阔，景观元素丰富；平原公路空间开敞，层次单一）。公路景观与地理环境关系密切，驾驶员的视觉感受主要取决于地理空间的空间感。

高速公路景观规划设计应当首先从空间的角度来营造环境氛围，以原有空间为基础来进行景观营造。在保证安全的前提下，依据动态审美原理，利用原有的空间或人为构造出需要的空间形式，对不良视觉环境予以屏蔽，以带给司乘人员愉悦的空间体验。

驾驶员在开放空间的心理感受明显比在半郁闭空间和郁闭空间好，而在半郁闭空间的空间感受又比郁闭空间好。开敞空间内驾驶员的视点均匀分布于中间区域，而半郁闭空间内驾驶员的视点分布偏向右侧近处区域，郁闭空间内视点则较偏向左侧远处区域。因此，半郁闭空间和郁闭空间由于视域的限制，常带给人一种后退、隐蔽甚至压抑的感觉，容易增加驾驶员的警觉性。开敞空间视线不受任何干扰，视域开敞，可以享受一览无余的景致，往往伴随着愉悦的心情。

在对公路现状空间进行分析后，应遵循"佳则收之，陋则蔽之"的基本原则，分析公路沿线环境的景观价值，对于景观价值较高的路段提供开敞的视觉空间，景观价值较低的路段则考虑规划为半郁闭或郁闭的视觉空间。同时还应注意，虽然开敞空间给驾驶员以愉悦的心理感受，但如果公路沿线视觉空间的类型过度单一，会使驾驶员形成"道路催眠"，导致注意力降低，造成安全隐患。因此，开敞空间路段长度不能太长，依据高速公路驾驶员视觉、心理特性，驾驶员的视觉环境每隔一定距离需要有一个变化。依据行车速度（以 km/h 计）和界面交替时间反复计算得知，原则上应尽量将单个类型空间路段长度控制在一定范围，但空间变换也不可过于频繁，以免使驾驶员感觉不舒适。

1. 造景艺术法

高速公路景观设计的主要方法与中国传统的园林造景方法一样，包含了对景法、借景法、隔景法、障景法和分景法。

1）对景法

顾名思义，和传统景观组织方式类似，高速公路景观的对景法是以高速公路的中心线作为中轴线，将道路的尽头（直线或者弯道）对着某一个景观称为对景。对景法能有效地引导司乘人员视线，同时美化高速公路景观。此法常用于道路景观设计当中，且所对的景通常也是地区的标志性景观。

2）借景法

和中国古代园林借景法相似，高速公路的借景法是通过对沿路的景观空间组织形成视线通廊，以使得道路远处优美的景观能"借"作高速公路景观界面。借景法可以丰富高速公路的景观空间层次与景观形象，不仅能舒缓驾驶员的紧张情绪，还能为乘客创造优美的高速公路景观。

3）隔景法

园林造景中，为了创造出同一景观，不同景观视觉角度产生不同视觉效果，常常通过对主景观进行"拆分"达到每个局部都是主景观的部分，但又不是景观的全部。人们只有在不断移动中，通过各个局部景观在脑海中形成主体景观的全部面貌，如同园林里透过不同的花窗看出去的景观，每一块都是主景观的不同部位，但又不是全部。

在高速运动的高速公路上，为了避免对主景观产生"一目了然"的视觉效果，通过对高速公路景观划分为多个景观空间，使得人们能在运动过程中看到景中有景，却又不尽相同，从而达到引人入胜、兴趣油然而生的心理效果。

4）障景法

园林造景中的障景法，是为了创造出步移景异的多变景观，常常通过对主景观局部的遮蔽来达到"犹抱琵琶半遮面"的效果。人们只有在不断移动中，才能逐渐领略到主体景观的全部面貌。在高速公路景观设计中，障景法能有效控制人们的视线、引导空间和转换方向，从而达到"欲扬先抑、先藏后露""山重水复疑无路、柳暗花明又一村"的出奇心理效果。同时，障景法还能起到为前方景色对景的辅助作用。因此，障景法在高速公路景观设计中尤为重要。另外，障景法可以用来遮挡高速公路沿线的不良景观或者过于繁乱的景观，从而提高高速公路景观的主体艺术形象，也使得驾驶员能舒缓紧张的情绪。

5）分景法

高速公路景观设计可以借鉴园林中的门、窗、洞口的使用等，门里门外、窗内窗外，景色大不相同，给人别有洞天之感。高速公路景观设计中，可通过人行天桥、跨线桥、立交区、隧道口等构筑物对山地高速路进行自然划分，在不同的景观空间内凸显不同的景观主题与内容，从而达到不同景观序列的转换，使得人们在运动中感受到不同的景观段落。

2. 景观背景复杂性整合设计

复杂性指在行车时司乘人员的视域内景观元素的多少，取决于景观元素的多样性和数量。视域内景观元素的增加会使得运动中的驾驶员消耗更多精力和时间来筛选道路上所需的信息，不利于行车安全。同时，凌乱复杂的景观容易使司乘人员感到烦乱，视觉疲惫。因此，需要对复杂的景观背景进行整合，形成清晰明了的景观。以下列举四种整合道路景观背景复杂性的方法。

（1）移除或者遮蔽景观背景中繁杂、凌乱或分散驾驶员注意力的景观组成部分。

（2）通过纹理、材质或色彩的统一，达到简化景观背景中的景观元素。

（3）通过重新组合、排列景观背景中的景观元素，达到简化视觉空间的效果。

（4）统一周围景观元素的色彩、纹理或者材质，并和道路景观的主题元素形成对比，以达到突显重要景观的效果。

3. 景观背景一致性设计

景观的一致性主要取决于景观背景内的图案明暗关系以及这些明暗形成了多少主要的物体或者区域。通常情况下，人一次性能记住主要的景观单元，如图 5-17 所示。

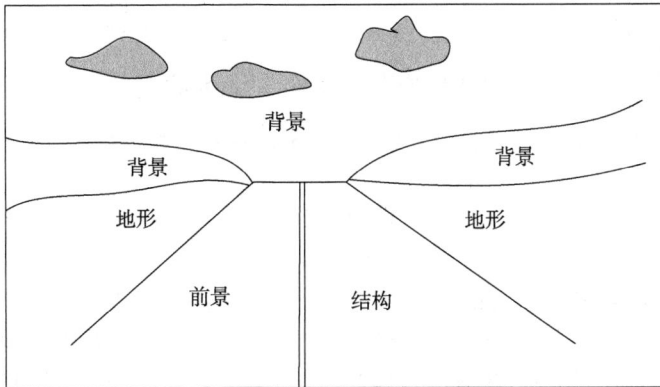

图 5-17　一般情况下人能记住的景观单元

因此，在移动的道路上，为了使人容易辨别前方景观，应对其景观的一致性进行设计，使其具有视觉的一致性，可以通过以下三种方式处理。

（1）遮挡或者除去某些次要景观元素，形成简易的视觉景观单元。

（2）通过纹理、材质和颜色来区分重要景观元素和景观背景。

（3）为了确保主要景观元素的可视性，可将零散、小型的景观元素聚集成景观单位。

4. 景观背景清晰性设计

清晰性是指使用者对三维空间的理解，受距离感知、空间定义和方向感的影响。作者认为，景观元素的纹理、颜色和视觉景观单元对清晰性影响很大，如果视野内的景观单元相互之间易于分辨，则景观会相对清晰。如果景观元素的颜色、纹理或者视觉景观单元区分不明显，则人们很难在快速移动中分辨其景观，人们将需要更多时间与精力集中于景观的某些部位，而忽略了其他的景观。

因此，清晰的景观背景容易被感知，人们能在大脑中迅速形成景观图像，从而分辨出其景观的特色与行进所处的位置与方向。可以通过以下三种途径提高景观感知：①把尺寸相同或相近的景观元素组织到同一景观背景中；②通过将景观元素间隔一致化、大小统一化来达到视觉上的强烈冲击感；③避免主要的景观元素或者视觉景观单元的大小或尺寸随意变化。

还可以通过以下三种方式来改善空间的定义：①使视觉单元的颜色或者纹理形成强烈的对比；②突出边缘空间或者景观元素的设计；③突出特色景观元素和路标来帮助司乘人员确定他们的位置和正在行驶的方向。

参 考 文 献

巴布可夫, 1990. 道路条件与交通安全[M]. 景天然, 译. 上海: 同济大学出版社.

陈乐生, 游宏, 李永江, 等, 2005. 山区一般公路路侧危险度划分方法研究[J]. 公路杂志, 11: 159-163.

邓燕飞, 向永玲, 2012. 山区高速公路长大下坡与交通安全分析[J]. 黑龙江交通科技, (8): 9.

李远涛, 韦迎春, 陶严亮, 等, 2009. 公路路侧安全分析及对策[J]. 大众科技, (7): 77-78.

朱兴琳, 方守思, 王俊群, 等, 2010. 基于未确知测度理论的高等级公路交通安全评价[J]. 同济大学学报(自然科学版), 38(7): 1012-1017.

第6章 山区高速公路路侧安全评价

路侧交通事故在公路交通事故中占据将近 1/3 的比例，在死亡 3 人以上的重特大恶性交通事故中，由于车辆冲出路外、高架桥梁及高墩桥梁或坠落陡崖而发生的路侧交通事故约占一半的比例。路侧安全评价的分级是指导路侧安全问题改善、提高路侧安全的重要前提。这里所谓的路侧安全评价主要是在设立路侧安全设施之前，针对当事故车辆离开了行车道并冲出路肩之后，其事故的可能性大小和严重程度。在路侧安全评价方法中，传统方法主要为定性方法研究，比较普遍的是根据路侧净区宽度、边坡坡率、路侧表面粗糙度、护栏设置方式和路侧危险物刚度等路侧特征进行评价，然而这种评价方式很难得到一致的结果。

为确保山区高速公路路侧安全设计的有效性，本书根据沿线路基的几何特征和路侧障碍物的类型及其位置，对不同路段的路侧安全进行量化评价，并确定其安全水平，相关结论可用于山区高速公路在规划设计及运营管理阶段的决策依据。因此，对于路侧安全的评价主要考虑三个因素，即路侧净区宽度、路基边坡几何尺寸和路侧障碍物情况，本书采用层次分析法（analytic hierarchy process，AHP）和模糊聚类法进行分析。

6.1 路侧安全净区界定

路侧安全的基本理论源于道路侧向安全净区，简称路侧净区。美国 AASHTO 早于 1967 年在其路侧设计指南中，明确提出了路侧净区的概念。该指南定义路侧净区为路侧无障碍，相对平坦，且可供失控车辆重新受控，从最右侧车道的右边线起至道路右侧最近不可穿越的障碍物为止，包括路缘带的带状空间（王忠仁，2008）。我国《公路交通安全设施设计细则》参照此定义，明确定义路侧净区是指公路行车方向最右侧车行道以外、相对平坦、无障碍物、可供失控车辆重新返回正常行驶路线的带状区域（阚伟生等，2007）。路侧净区的定义，使道路安全考量延伸到行车道以外的近邻空间。同时，这一定义也明确了路侧障碍物的概念：所有位于路侧净区以内不可穿越的天然地形、地貌和各种人工设施。例如，标志立柱和护坡挡墙都可以称为路侧障碍物。路侧净区的定义为路侧安全的规划、设计、评价和改善奠定了基础。

路侧净区的概念体现了"容错"的安全设计理念，即尽量给意外出事的驾驶员提供宽容、安全的路侧条件，使其即使冲出路外也不致受到不应有的伤害。车辆驶离道路、侵入路侧的原因很多，如驾驶员疲劳或注意力不集中、酒后或药后开车、恶劣天气、能见度低等。车速越高、交通量越大，则冲出路外的风险也越大，但清除固定障碍物、减小边坡坡度、改善路侧的安全环境等都可达到减少路侧交通事故和减少事故严重程度的目的，故路侧净区概念一定程度上体现了主动安全管理的理念。

路侧净区概念的基本依据是对车辆冲出路外的合理预测。作为道路的必要组成部分，路侧净区的几何尺寸将直接影响项目造价和使用结果。净区太宽，必然造成不必要的投资，而净区太窄，又不能起到改善路侧安全环境、减少路侧事故的作用。因此，路侧净区的设计评价必须与道路其他几何设施的评价一道，在考虑项目寿命周期费用的基础上，做出合理而又有效的选择。

美国通过对路侧安全的长期研究，提出路侧安全净区与现场条件（边坡坡度、填方或挖方高度）、设计速度、交通量、公路所在地区（城市还是农村）和实践经验有关（范晓秋等，2013），并编制了计算图表，如表6-1所示，对位于事故多发路段的平曲线路段提供了调整系数表。由表6-1可以看出，路侧净区宽度随设计速度的增加而增大。在同一设计速度下，日交通量越大，则相应的路侧净区宽度也越大。

表 6-1　路侧安全净区的计算表

速度/ （km/h）	AADT/ （veh/d）	填方边坡/m			挖方边坡/m		
		1:6 或更缓	1:5～1:4	1:3	1:3	1:5～1:4	1:6 或更缓
60 或 以下	<750	2.0～3.0	2.0～3.0	**	2.0～3.0	2.0～3.0	2.0～3.0
	750～1500	3.0～3.5	3.5～4.5	**	3.0～3.5	3.0～3.5	3.0～3.5
	1500～6000	3.5～4.5	4.5～5.0	**	3.5～4.5	3.5～4.5	3.5～4.5
	>6000	4.5～5.0	5.0～5.5	**	4.5～5.0	4.5～5.0	4.5～5.0
70～80	<750	3.0～3.5	3.5～4.5	**	2.5～3.0	2.5～3.0	3.0～3.5
	750～1500	4.5～5.0	5.0～6.0	**	3.0～3.5	3.5～4.5	4.5～5.0
	1500～6000	5.0～5.5	6.0～8.0	**	3.5～4.5	4.5～5.0	5.0～5.5
	>6000	6.0～6.5	7.5～8.5	**	4.5～5.0	5.5～6.0	6.0～6.5
90	<750	3.5～4.5	4.5～5.5	**	2.5～3.0	3.0～3.5	3.0～3.5
	750～1500	5.0～5.5	6.0～7.5	**	3.0～3.5	4.5～5.0	5.0～5.5
	1500～6000	6.0～6.5	7.5～9.0	**	4.5～5.0	5.0～5.5	6.0～6.5
	>6000	6.5～7.5	8.0～10.0*	**	5.0～5.5	6.0～6.5	6.5～7.5
100	<750	5.0～5.5	6.0～7.5	**	3.0～3.5	3.5～4.5	4.5～5.0
	750～1500	6.0～7.5	8.0～10.0*	**	3.5～4.5	5.0～5.5	6.0～6.5
	1500～6000	8.0～9.0	10.0～12.0*	**	4.5～5.5	5.5～6.5	7.5～8.0
	>6000	9.0～10.0*	11.0～13.5*	**	6.0～6.5	7.5～8.0	8.0～8.5
110	<750	5.5～6.0	6.0～8.0	**	3.0～3.5	4.5～5.0	4.5～5.0
	750～1500	7.5～8.0	8.5～11.0*	**	3.5～5.0	5.5～6.0	6.0～6.5
	1500～6000	8.5～10.0*	10.5～13.0*	**	5.0～6.0	6.5～7.5	8.0～8.5
	>6000	9.0～10.5*	11.5～14.0*	**	6.5～7.5	8.0～9.0	8.0～9.5

　＊ 当调查研究或历史数据表明某些路段连续发生交通事故的频率较高时，设计人员所提供的路侧安全净区宽度可高于本表的规定。从实用的角度出发，路侧安全净区可控制在 9m。

　＊＊ 由于车辆在可穿越的未防护 1:3 坡度的边坡上恢复正常行驶的可能性不大，因此，在这种边坡坡底处不应存在固定障碍物。确定边坡坡底处恢复区的宽度应考虑路权、环境、经济、安全和事故的历史数据等因素。此外，车行道边缘与 1:3 坡度的边坡开始点之间的距离也会影响坡底处的恢复区宽度。

6.2　路侧安全水平等级划分

　　我国山区高速公路路堤路基设计常按高度分别为 0～8.0m、8.0～10.0m、10.0～20.0m 和高于 20.0m 进行设计。为了减少占地面积和边坡稳定，路堤边坡坡度一般都采用 1:1.5。对于路堑路基来说，为了减少开挖量，其边坡坡度一般陡于 1:2 为不可穿越边坡，而路肩总宽度一般不超过 3.5m。因此，绝大多数高速路基都无法提供所需要的最小路侧安全净区宽度,即路堤路基 6.0m 和路堑路基 4.0m 的路侧净区宽度。这样一来,路堤路基的路侧安全就取决于路基边坡尺寸和障碍物的影响;路堑路基的路侧安全主要取决于行车道边缘至路堑边坡坡脚范围内以及其他障碍物,尤其是排水沟的具体情况。

　　根据上述影响路侧安全的主要因素,将山区高速公路路堤路基的路侧安全水平分为三个等级,路堑路基的路侧安全水平分为两个等级,详见表 6-2。在确定路侧安全水平分级时,结合路基边坡几何尺寸和沿线天然障碍物情况划分(游克思等,2010),同时考虑了不同边坡可能产生的事故后果严重性、以往事故记录和研究人员的工程经验。

表 6-2　山区高速公路路侧安全水平等级

路侧特征	风险程度	路基边坡几何特征	
		坡度	高度/m
路堤路基	低	1∶4 或更缓	≤3.0
	中	1∶4～1∶1.5	3.0～10.0
	高	1∶1.5 或更陡	≥10.0
路堑路基	低	路肩和边坡坡角之间无障碍物*	
	一般	路肩和边坡坡角之间有障碍物	
悬崖、江河湖泊 (离外车道边沿距离)	低	≥9.0 m	
	中	4.0～9.0 m	
	高	<4.0 m	

　　* 浅碟式边沟。

　　在正常情况下,路堑路侧比路堤路侧安全,路堤路侧事故的后果也更严重。为了方便路堤路侧安全设计及其防护措施的选择,本书把路堤路侧安全水平分为三个等级,较路堑路侧安全水平等级更细,以便为路侧护栏的选择提供更准确的依据。在路堤路侧安全水平分级时,其边坡坡度的依据是美国 AASHTO《路侧设计指南》的可恢复、不可恢复和临界坡度的划分,以及我国山区高速公路路基常见边坡形式;边坡高度是在 AASHTO《路侧设计指南》建议值基础上,根据我国山区高速公路路堤路基高度的划分后提出来的。对于路堑路侧安全水平分级,其边坡坡度是在我国山区高速公路常见路堑坡度的基础上,结合

AASHTO《路侧设计指南》可穿越和不可穿越坡度得到的，边坡高度是综合我国路堑路基高度划分和欧盟国家建议值得到的。

公路沿线的天然障碍物，如悬崖、江河湖泊等，对公路路侧安全的影响至关重要。考虑到我国山岭重丘区地形较多，而且事故车辆坠入悬崖峭壁或江河湖泊的特大事故屡有发生。例如，2008 年 2 月 12 日，一辆载满乘客的大客车坠入川黔交界处赤水河，造成 21 死 14 伤的特大交通事故。虽然这些特大事故大都发生在低等级公路上，但由此应该引起对临崖路段路侧护栏设计的重视。为此，本书提出了路侧悬崖、江河湖泊对路侧安全影响的定量标准，详见表 6-2。综上，路侧安全水平要综合路基边坡几何特征评价结果和路侧障碍物评价结果，以最低的安全等级为准。

6.3　路侧安全设计内容

从交通安全角度看，理想中的道路设计就是将沿线几何设计标准协调一致，平纵曲线、车道、路肩和路面的设计能确保车辆保持在特定的车道内行驶，并在路侧提供必要的净区宽度，以确保由于各种原因而驶离车行道或冲出路肩的车辆，能够安全地停下来。但这难以实现，因为路侧边坡几何尺寸完全取决于沿线地形地貌条件、工程造价和环境保护要求，而路侧排水沟位置取决于排水要求。

长期以来，为了满足行人和非机动车辆横穿的需要，我国的高速公路习惯采用高路基来满足下穿通道的净空高度要求。为了消除地下水毛细效应、冰冻作用和江河湖泊水位升降对路基路面的影响，也经常需要提高路基高度。另外，由于排水要求，道路两侧一般都设有排水设施，尤其是排水明沟等。对于行驶中的车辆来说，沿线江河湖海、悬崖峭壁、人工桥涵结构和交通标志支撑结构等都是潜在的障碍物。在雨季路面潮湿时，事故车辆易于冲出道路，尤其是在长大纵坡和弯道路段上。所有这些都有可能引起突然失控而冲出道路的车辆的碰撞事故。

从主动交通安全角度讲，路侧安全设计的目的在于减少和预防路侧事故的发生，如路侧净区宽度、路侧边坡和地面的处理、路侧障碍物的隔离防护、路侧排水系统的隔离防护以及路侧护栏结构等。根据路侧安全设计主动积极预防和有效治理相结合的理念，路侧安全设计主要包括路侧护栏设计、路肩、边沟、边坡设计（杨佩佩等，2007）。

6.3.1　护栏设计

车辆常常撞在未经处理的护栏末端和固定的物体上，由于车辆在极短时间内突然停止，巨大加速度很可能对车辆和乘客造成极大的伤害。同时，护栏的末端很可能切入车舱，或使车辆失控后翻车，导致严重的后果。需要通过护栏端头处理、消能设计等来逐渐缓冲减速，从而降低事故的严重程度。此外，不同形式、刚度的护栏之间均应进行过渡处理，以保持护栏强度的连续性，防止事故车辆在护栏不连续的地方钻过。过渡段的设置保证了护栏整体刚度的逐渐过渡，避免了大刚度护栏成为路侧障碍物。

一般情况下，路基与隧道的横向宽度和布置是不一致的。在隧道与洞外连接道路之间，设置有一定长度的过渡段，使车辆能够顺利驶入隧道。该过渡段的路基宽度一般仍按公路标准设计，通过护栏实现过渡。在有积雪的地区，为清除积雪等管理的方便，护栏宜设置能够拆卸的防撞装置。在高速公路匝道出入口处，收费站前、分离式路基断面入口以及交叉口等地带的护栏，由于车辆要在此分流，其碰撞护栏的危险性更大，概率更高。为了减少事故发生，降低事故严重程度，除了要对危险三角地带进行端部处理，还应在迎交通流方向的三角地带范围内设置防撞桶等缓冲设施。

6.3.2　路肩设计

路肩是位于行车道外缘到路基边缘，具有一定宽度的部分。路肩可为遇到紧急情况需要临时停车的车辆提供空间。同时，在车行道之外的路肩，可以使车辆远离路侧障碍物，使驾驶员从视觉上、心理上消除紧张感。路肩的合理设置对于保障路侧行车安全有着重要的意义。路肩处理包括硬路肩和设置路肩振动带等措施。硬路肩措施是在行车道边缘铺上一定宽度的硬路肩，能有效减少单车冲出行车道的交通事故和车辆正面碰撞事故。

研究认为硬路肩对减少交通事故的效果比土路肩好得多。理想情况下至少要保证 2m 宽度的硬路肩，极端情况下也不得少于 0.6m。此外，研究结果还认为只有在交通量不低于 500 辆/天的道路上设置硬路肩，其安全方面的成本效益比才划算。路肩振动带是在公路沿行车道两侧路肩上人工形成的具有一定间隔、连续的凹槽。当驾驶员由于疲劳驾驶或其他原因，车辆偏离行车道时，轮胎接触凹槽会产生较强的振动感，以此来警告驾驶员，使其及时采取相应操作，驶入路内，避免事故发生。

6.3.3　边沟设计

边沟位于路侧净区之内，太大或太深的边沟是一种严重的路侧安全隐患。合理地处理边沟，对于路侧交通安全有着极为重要的意义。目前处理边沟主要有两种方法：对原矩形边沟加泄水孔盖板和设置浅碟形边沟。矩形深边沟是我国山区公路边沟最常见的形式，这种边沟不利于行车安全，特别对于路面宽度有限的山区公路更为危险。驾驶员错车躲闪或操作不当，驶出路外车轮易陷入深边沟而翻车。而且深边沟的存在使得因故障需检修的车辆不能跨越边沟，只能占用更多行车道的宽度，形成车辆追尾的交通事故隐患。因此，有必要对其加以改进。目前常用的加泄水孔盖板的矩形边沟，不仅投资增加有限，而且可增加路基的有效宽度，克服规则的深边沟给行车带来的安全隐患，消除了车轮卡陷和边坡碎落堵塞，同时形成流畅优美的路基轮廓线，增加路容美观。浅碟形边沟汇水能力相对较小，但其坡度较缓，能使失控车辆安全地逾越，并且宽展、平缓、带圆弧的边沟给人以开阔感，从而减轻驾驶员的紧张心理。

6.3.4 边坡设计

路堤边坡设计应保证公路的稳定性，并为失控车辆安全返回提供适当的机会。宽容路侧设计理念要求边坡在设计时，要尽量使其有利于车辆的安全行驶。当路侧有一定的宽度净区，而填土高度较低时，可以适当放缓边坡。这样，车辆驶出路外顺着坡面下滑，翻车的可能性很小。驾驶员在车辆不失控的情况下，就能重新返回车道上。有关研究成果表明，路堤边坡缓于 1:6 时，车辆即可越过，并有良好的救险机会；边坡缓于 1:4 时，车辆开到边坡上也不至于完全失去控制；当边坡坡度在 1:4 和 1:3 之间时，车辆将不能返回，但是可以横穿；当边坡坡度大于 1:3 时，驶出路外的车辆将有翻车的危险，1:3 的坡度是影响行车安全的一个临界值。

6.4 路侧安全水平模糊聚类评价

灰色聚类是根据第 i 个($i \in \{1,2,\cdots,n\}$)聚类对象对于第 j 个($j \in \{1,2,\cdots,m\}$)聚类指标的样本值 A_{ij}，将第 i 个聚类对象归入第 k 个($k \in \{1,2,\cdots,l\}$)灰类中，用于判断该聚类对象所属灰类（张明媛等，2015），进而构建山区高速公路安全评价指标灰色变权聚类评价模型。

6.4.1 评价指标处理

根据第 i 个($i \in \{1,2,\cdots,n\}$)聚类对象对于第 j 个($j \in \{1,2,\cdots,m\}$)聚类指标的样本值 A_{ij}，确定聚类样本矩阵为 A：

$$A = \begin{bmatrix} A_{11} & A_{12} & \cdots & A_{1m} \\ A_{21} & A_{22} & \cdots & A_{2m} \\ \vdots & \vdots & & \vdots \\ A_{n1} & A_{n2} & \cdots & A_{nm} \end{bmatrix} = (A_{ij})_{n \times m} \tag{6-1}$$

评价指标的灰类白化权函数是用来描述某项评价指标的灰类对其取值范围

内数值的"偏好"程度，建模时应确定函数曲线形状、起讫点及折点位置，并选用恰当的数学表达形式。在道路安全评价中，选取了 m 个聚类指标，且每个聚类指标又划分为 l 个评价级，即 l 个灰类。按聚类指标所属第 k 个灰类，确定出不同的白化权函数 $f_j^k(A_{ij})$，如图 6-1 所示。

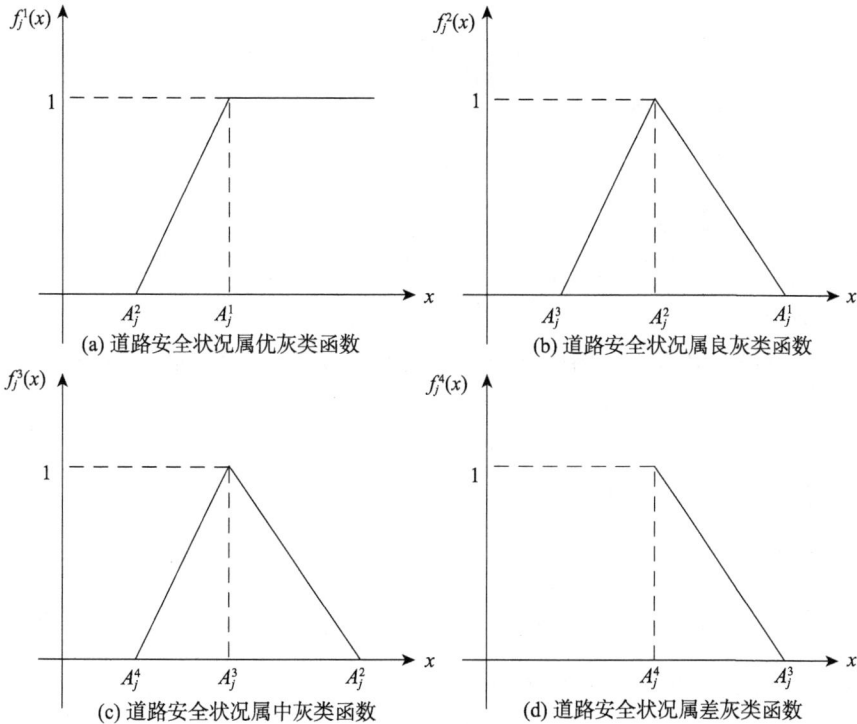

(a) 道路安全状况属优灰类函数　　　　(b) 道路安全状况属良灰类函数

(c) 道路安全状况属中灰类函数　　　　(d) 道路安全状况属差灰类函数

图 6-1　第 j 项评价指标灰类的白化权函数

图中 A_j^1、A_j^2、A_j^3、A_j^4 白化权函数临界值的确定采用概率统计法。本书将 n 个聚类对象安全状况划分为优、良、中、差四个灰类级别，将聚类指标的实际数据，经无量纲化处理，分析数据的累积百分频率，绘制累积百分频率曲线图，在曲线上确定不同累积百分频率所对应的数值，将其作为四个灰类的特征值。选取 15%、85% 累积百分频率对应的点来确定差和优的值，选取 60% 和 40% 累积百分频率对应的点来确定良和中的值（许洪国等，2007）。四个累积百分频率

点对应的 A_j^1、A_j^2、A_j^3、A_j^4 分别为第 j 个聚类指标对应各灰类级别的白化值，如图 6-2 所示。

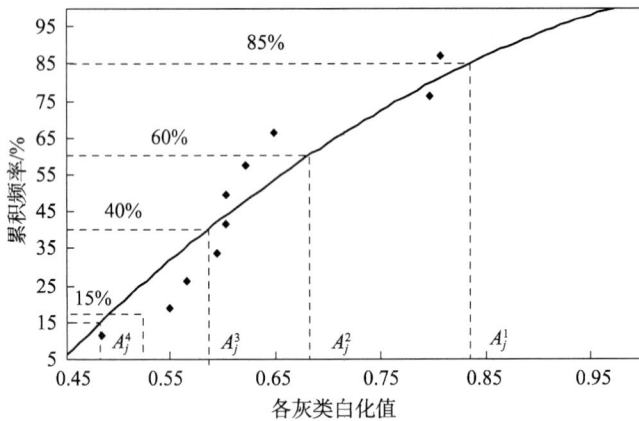

图 6-2　确定评价指标（数据经过处理）灰类特征值的累积百分频率

6.4.2　评价指标聚类

1. 聚类权计算

聚类权是衡量各个聚类指标对同一灰类的权重，记为 μ_j^k，它表示第 j 个聚类指标关于 k 灰类的权，其公式为

$$\mu_j^k = \frac{A_j^k}{\sum\limits_{j=1}^{m} A_j^k} \tag{6-2}$$

式中，A_j^k 为 j 指标 k 灰类的白化值。

2. 聚类系数确定

按式（6-2）可得第 i 个聚类对象对于第 k 个灰类的灰色变权聚类系数 λ_i^k：

$$\lambda_i^k = \sum_{j=1}^{n} f_j^k(A_{ij}) \cdot \mu_j^k \tag{6-3}$$

式中，λ_i^k 为灰色聚类系数，它反映了第 i 个聚类对象隶属于第 k 个灰类的程度；$f_j^k(A_{ij})$ 为由样本值 A_{ij} 求得的白化权函数值；μ_j^k 为第 j 个聚类指标关于 k 灰类的聚类权。

3. 聚类分析

评价对象 i 的灰色聚类评估序列 $\lambda_i = (\lambda_i^1, \lambda_i^2, \cdots, \lambda_i^s)$，按最大隶属度原则，若有 $\lambda_i^{k^*} = \max\{\lambda_i^1, \lambda_i^2, \cdots, \lambda_i^s\}$，则 $\lambda_i^{k^*}$ 所对应评价对象 i 所属灰类为 k^*，从而可确定聚类对象的安全状况。

6.4.3　案例应用

从江西省泰赣高速公路的交通事故特点和原因看，事故的发生主要涉及几何线形、不利天气以及不良驾驶行为等综合因素的影响，而表征高速交通事故这些主要内因最有代表性的相对指标是：亿车公里事故率和百万车公里伤亡率。前者表征事故的易发性，后者表征事故发生后的严重程度。针对该高速公路交通事故的特点，尽量以较少的指标及信息量综合评价反映较全面的安全状况。

安全评价通常是基于评价者给定的评价标准，先通过主、客观判断及定量分析，将生成效果转换成相应的效用数值，然后进行评定和比较。实际上，给定的定性评价标准如果和一定的数值范围相对应，则将更有价值。需注意的是，目前所有交通事故所记录的数据指标，均不可能覆盖自发生道路交通事故以来的全部信息。因此，所掌握的两项事故指标并不能代表高速道路交通安全系统的全部影响因素，也就是说，整个安全系统的影响关系处于"灰色"状态。

1. 评价指标确定

本书确定了道路事故亿车公里事故率($j=1$)和百万车公里伤亡率($j=2$)，并给出江西省某高速公路 2007～2011 年这两项指标的实际统计数据，见表 6-3。

表 6-3　　2007～2011 年事故率指标

评价对象 i	$j=1$	$j=2$
2007 年	96.34	0.94
2008 年	59.51	0.76
2009 年	145.10	1.18
2010 年	99.64	0.38
2011 年	59.76	0.22

注：伤亡当量系数设为 2。

为计算上的方便，将不同量纲的评价指标进行横向比较，并将评价指标实际数据进行了无量纲化处理。由于这两项安全评价指标均为负面指标——其值越大，则表示安全性越差，而我们希望指标能更直观地反映安全性，因此将各项评价指标数据经无量纲处理后的数值，使其与安全性成正比——指标由小向大变化时，各项评价指标的性质均表现由差向优变化。因此，对指标数据的无量纲处理，是将该项指标中最小的实际数值作分子，将该项指标的实际数据作分母，分别相除后所得即为该项指标数据无量纲处理后的值，处理后的数值分布在（0,1）的区间上，处理结果见表 6-4。

表 6-4　　2007～2011 年事故率指标无量纲化

评价对象 i	$j=1$	$j=2$
2007 年	0.6177	0.2340
2008 年	1.0000	0.2895
2009 年	0.4101	0.1864
2010 年	0.5170	0.5789
2011 年	0.9958	1.0000

将山区高速交通安全状况划分为四个级别的灰类，即优（1 级）、良（2 级）、中（3 级）、差（4 级），那么每项指标的评价标准即为这四个灰类。用"累积百分频率曲线法"将每项指标各灰类别的特征值求出，使之数量化，求得四个级别灰类特征值（表 6-5）。

表 6-5　评价指标各灰类特征值 A_j^k

评价指标 j	k 灰类			
	优（1 级）	良（2 级）	中（3 级）	差（4 级）
亿车公里事故率（$j=1$）	0.9978	0.8378	0.5968	0.4351
百万车公里伤亡率（$j=2$）	0.8554	0.6145	0.3923	0.2183

求出 A_j^k 特征值，得 j 评价指标 k 灰类白化权函数 $f_j^k(x)$，其表达形式分别为

$$f_j^1(x)=\begin{cases} 1 & x \geqslant A_j^1 \\ \dfrac{x-A_j^2}{A_j^1-A_j^2} & A_j^2 < x < A_j^1 \\ 0 & x \leqslant A_j^2 \end{cases} \qquad f_j^2(x)=\begin{cases} 0 & x > A_j^1 \\ \dfrac{x-A_j^3}{A_j^2-A_j^3} & A_j^3 \leqslant x \leqslant A_j^2 \\ \dfrac{A_j^1-x}{A_j^1-A_j^2} & A_j^2 < x \leqslant A_j^1 \\ 0 & x < A_j^3 \end{cases}$$

$$f_j^3(x)=\begin{cases} 0 & x < A_j^4 \\ \dfrac{x-A_j^4}{A_j^3-A_j^4} & A_j^4 \leqslant x \leqslant A_j^3 \\ \dfrac{A_j^2-x}{A_j^2-A_j^3} & A_j^3 < x \leqslant A_j^2 \\ 0 & x > A_j^2 \end{cases} \qquad f_j^4(x)=\begin{cases} 0 & x > A_j^3 \\ \dfrac{x-A_j^3}{A_j^4-A_j^3} & A_j^4 \leqslant x < A_j^3 \\ 1 & x < A_j^4 \end{cases}$$

仅将表 6-5 中的 A_j^k 值代入即可。

2. 计算聚类系数

求山区高速交通安全评价对象综合各项评价指标关于每种灰类的聚类系数 λ_i^k，由 $\lambda_i^k = \sum_{j=1}^{n} f_j^k(A_{ij}) \cdot \mu_j^k$，得聚类值 λ_i^k，列于表 6-6 中。

表 6-6　灰色聚类系数 λ_i^k

评价对象 i	k 灰类			
	优（1 级）	良（2 级）	中（3 级）	差（4 级）
2007 年	0.0000	0.0630	0.6870	0.2499
2008 年	0.7755	0.0000	0.0919	0.1326
2009 年	0.0000	0.0000	0.0000	1.0000
2010 年	0.0000	0.4436	0.3236	0.2328
2011 年	0.9939	0.0061	0.0000	0.0000

对 2007～2011 年江西省某高速公路的交通安全状况进行聚类，由 $\lambda_i^{k*}=\max\{\lambda_i^1,\lambda_i^2,\cdots,\lambda_i^s\}$，得到各年最大聚类评估值 λ_i^{k*}（表 6-7）。

表 6-7　各年度最大聚类评估值

项目	年份				
	2007	2008	2009	2010	2011
λ_i^{k*}	0.6870	0.7755	1.0000	0.4436	0.9939

3. 结果分析

由 λ_i^{k*} 可看出，2009 年该高速安全状况属差水平；2007 年道路安全状况属于中等水平；2010 年属于良水平；2008 和 2011 年属于优水平。需要注意的是，虽然 2008 年和 2011 同属于优级水平，但从属成分不一样。2008 年从属于优的成分为 77.55%，而 2011 年则为 99.39%，可以认为 2011 年道路安全水平要高于 2008 年。因此，近 5 年该高速道路安全优良次序依次为 2011 年、2008 年、2010 年、2007 年、2009 年。

针对一些传统方法主观因素影响的弊端，灰色聚类法提供了一种计算各个指标权重的方法，使得各指标的权重评价过程中自动产生，而不需要人为判断。在用灰色聚类理论对白化函数及评价等级的确定中，应用累积频率法可以比较合理地对评价标准进行确定，从而使对山区高速公路道路安全状况的评价更加客观有据。

参 考 文 献

范晓秋，邢莹莹，2013. 基于宽容理念的路侧净区宽度设计[J].交通运输工程与信息学报, (4): 49-54.

阚伟生，李长城，汤筠筠，等，2007. 公路路侧安全问题对策研究[J]. 公路, (3): 97-101.

王忠仁. 2008. 道路安全评价的基本原理[J]. 上海公路, (2): 1-6.

许洪国，刘兆惠，王超，等，2007. 道路安全等级定权聚类评价模型及因素辨析[J]. 交通运输工程学报, 7(2): 261.

杨佩佩，黄兰华，2007. 路侧安全设计[J]. 公路, (5): 115-118.

游克思，孙路，顾文钧，等，2010. 山区公路路侧安全定量化评价[J]. 交通运输工程与信息学报, 08(3): 49-55.

张明媛，高颖，袁永博，等，2015. 模糊聚类和灰色聚类的集成分析方法[J]. 模糊系统与数学, (3): 145-153.

第7章 不利天气条件下山区高速公路
路侧事故多发点/段鉴别及成因分析

7.1 考虑不利天气因素影响的路侧
事故多发点/段鉴别方法提出

7.1.1 事故多发点界定

道路事故多发点也称为事故黑点，指事故发生数量多、发生频率高的地点或路段，如长大下坡、小半径曲线段等，《美国道路通行能力手册（HCM 2000）》将事故多发点定义为一定统计周期内事故发生水平显著高于既定标准的道路点段。部分学者认为事故发生密集度高的路段或交叉口为事故多发点段，或者认为较长统计期内事故数或特征量较其他正常位置出现显著变化的位置（点、路段或区域）为事故多发点段。

在我国对事故多发点的一般性研究中，将事故发生位置离散化，即将事故发生一起作为所研究道路上的一点，对整体道路事故的发生状况进行标定即得到了事故发生点的集合，依据集合中元素的分布特征（如密集程度等）来确定事故多发点，如限定一定统计周期、发生事故数不少于 n 起、定长路段等，部分方法甚至考虑交通量因素的影响。上述事故多发点段的界定简单易懂，但其度量标准尚缺乏统一规定。

本书将事故多发段定义为一定时间、一定范围内特殊天气下所观测到的事故（率）高于整条路段上其他 70%的路段，一定时间是因地而异的适当时间（一般为 1~3 年），因为时间过短样本少，随机误差较大，而时间过长，路段上设施又变化较大，这两种情况都会导致一个不适当的统计结果。该定义参照了经济、管理学中的"二八"定律并进行了调整，即"重要的少数和不重要的多数"，将关键因素从 20%扩大到 30%，将这 30%的事故突出路段作为事故多发路段，不与其他高速公路作横向比较，仅在本条高速的范围内找事故突出段。

7.1.2　事故多发点分类

事故多发点的分类涉及不同范围和不同深度，其评价指标与鉴别方法也不同。

1. 澳大利亚分类方法

澳大利亚将事故多发点段按照点、路段和区域三种情况进行了划分，其中事故多发点指道路的某些特征点，如各类交叉口、隧道出入口或平曲线某特征点（长度为 200~500m）；事故多发路段是指在一定长度上超过既定事故标准的路段，其长度一般为 1~5km；事故多发区域多用于分析城市道路网，其范围一般不小于 5km^2。

2. 事故多发点分类

一般而言，完整交通事故数据的获取相对较为困难，以往对道路交通事故多发点段的分类研究多划分为点级和路段级，但目前随着我国社会经济的高速发展，城市化进程不断加快，高速公路和城市路网日益增多，同时也带来了普遍化、常态化、严重化的交通安全问题，这也就要求对潜在事故多发位置进行有效识别和改善。借鉴澳大利亚对事故多发点段的认识，本书也将事故多发位置按点、线、面进行分类划分。

点：指道路上某些特征点，如桥梁端头、隧道出入口、平曲线转弯处等，集中了超过一定阈值标准的事故统计数，旨在鉴别道路上相对短小、但事故高发的位置。

线：即事故多发路段，通常在 1~5km 内，将研究道路划分为若干段，根据桩号统计其事故指标，通过单位长度里程所发生事故的数量及频率确定事故多发段。

面：即区域级，定义某一区域的安全水平指数（safety performance index，SPI）

满足 $SPI = \dfrac{\sum\limits_{i} AAS_i l_i}{\sum\limits_{i} l_i} + \dfrac{\sum\limits_{j} AAI_j n_j}{\sum\limits_{j} n_j}$ ，其中 AAS_i 为第 i 个路段的交通事故数； l_i 为

路段 i 的长度； AAI_j 为第 j 类个交叉口的事故数， n_j 为第 j 类交叉口的总数。若 SPI 值超过某一阈值，则可认定该区域为事故多发区域，需进一步深入分析事故在不同路段和交叉口处的分布状况，即进一步挖掘事故多发点或路段，并采取相应的安全整治措施。

7.1.3　事故多发点鉴别方法

目前对事故多发点鉴别方法研究较多，按照不同阶段可分为事前潜在多发点的预测和事后多发点的判别、整治，分别应用于道路规划设计阶段与运营阶段。本书主要针对事故多发点进行探讨，并对常用事故多发点段的鉴别方法进行对比分析。

1. 事故数法

事故数法包括事故频数法、当量事故数法和累积频率法。

1）事故频数法

该方法将研究道路划分为若干路段（一般为等长），通过统计分析一定时间内每个路段上的事故数，若其值超过了既定阈值时，则可认为该段为事故多发路段。

挪威将连续 4 年发生 4 起以上伤亡事故的 100m 路段作为事故多发路段。英国交管部门在判别事故多发的点、线、面时，规定年均 4 起事故以上有伤亡事故记录的 0.1km 路段为道路危险地点、连续 3 年发生伤亡事故 12 起以上的 0.3km 长路段为道路危险路段，而将年均 40 次及以上事故记录的 1km 路段定义为事故易发路段。

2）当量事故数法

毋庸置疑，对出现相同次数但涉及重大伤亡和仅有轻微刮擦的道路路段而

言，其危险程度显著不同，故也通过一定的折算标准将事故严重程度（受伤人数、死亡人数）与事故次数进行统筹考虑，即采用当量事故数法进行多发点段的识别。

若 F 与 J 为事故中的死亡人数和受伤人数，TAN 为绝对事故次数，K_1 和 K_2 分别为死亡人数和受伤人数折算为一定事故次数的权重值，则当量事故数 ETAN 满足：

$$ETAN = K_1F + K_2J + TAN \tag{7-1}$$

该方法进行事故多发点判别的关键在于有效确定权重值 K_1 和 K_2，该值根据事故严重程度所产生的社会影响确定，一般 K_1 取 1.5～2.0；K_2 取 1.2～1.5。

3）累积频率法

根据统计学原理，累计频率法以单位长度路段上的事故次数为纵坐标，以事故次数发生总数大于某一数值的累积出现频率为横坐标，绘制累计频率分布曲线，并确定"突变点"。事故累积频率"突变点"左边，事故总数显著增加，但其出现频率基本保持稳定，即在较短里程内的事故统计值占较大比重；而在"突变点"右侧，事故数减少不多，但频率增长显著，意味着较长里程内事故总数占全段的比重不大。

大广高速泰赣 K2951～K3045 段 2007 年 1 月至 2012 年 7 月共发生 1853 起事故，共造成 511 人受伤、124 人死亡。将路段以 1km 为步长等距划分为 94 个单元段，统计各单元段的事故数，图 7-1 为事故频率累计，根据"突出点"初步识别事故多发段。

从事故标记图上可以清晰地看出几个较大的事故发生点聚集段，如 K2962～K2973 段（包括了 10km 长下坡部分路段）、K3021～K3024 段（3km 长下坡的末尾段）和 K3040～K3043 段（泰赣末尾段），可能为事故多发路段。但该方法在确定事故多发点过程中未考虑事故严重程度，对道路线形条件和自然环境条件等也缺乏统筹考虑。

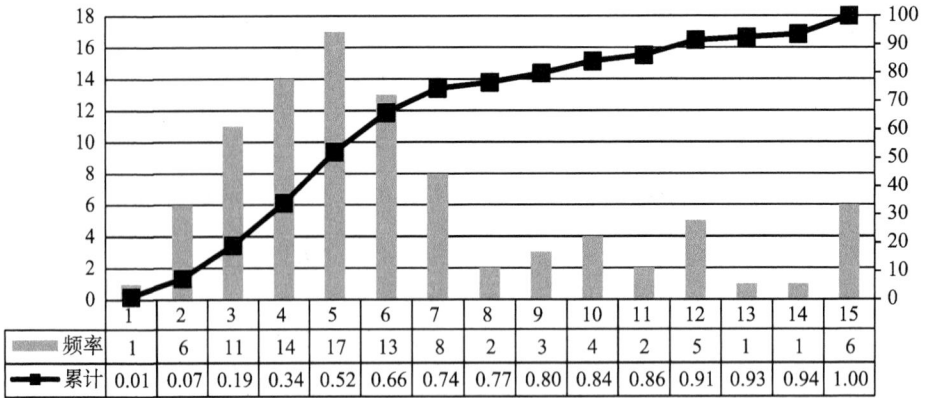

图 7-1 事故频率累计

2. 事故率

事故率包括事故率法、亿车公里事故率法、相对危险度法和安全系数法。

1）事故率法

根据交通量、路段长度和对应于不同路段上的事故统计数据，构建事故预测模型：

$$E(U) = \alpha N^P L \tag{7-2}$$

式中，$E(U)$ 为事故预测数；N 为交通量；L 为路段长度；α、p 为针对该类型道路的参数，一般通过回归得到。

计算事故的实际观测值 U、预测值 $E(U)$ 间的差异性指标：

$$Z = \frac{U - E(U) - 1}{\sqrt{E(U)}} \tag{7-3}$$

若 Z 值>预测值 $E(U)$，则可认定该路段为事故多发路段。

2）亿车公里事故率法

该方法考虑了交通量大小的影响，直接根据大量事故统计数据确定了事故率指标。其中，对路段和交叉口分别采用年均亿车公里事故率指标和百万车里事故率指标，当某一路段或交叉口的事故率值超过阈值时，即可认定其为事故多发点段[式(7-4)]。

$$U_f = \frac{NS}{365L \cdot T \cdot AADT} \times 10^8 \tag{7-4a}$$

$$M_f = \frac{NI}{365t \cdot AADT} \times 10^6 \tag{7-4b}$$

式中，U_f、M_f 分别为路段亿车公里事故率和交叉口百万车公里事故率；NS、NI 分别为 t 年内长度为 L 的路段上的事故数和交叉口事故数；AADT 为通过路段或交叉口的年平均日交通量；L 为路段长；t 为统计年限。

当事故率 U_f、M_f 大于阈值 U_O、M_O 时，则认为该路段或交叉口为事故多发点段。

3）相对危险度法

该方法根据事故数与交通量确定相对危险度 P_{Rc}：

$$P_{Rc} = \frac{aI + bF + cM}{365L \cdot AADT} \tag{7-5}$$

式中，I、F、M 分别为事故次数、受伤人数和死亡人数；a、b、c 分别为 1 次事故、1 位受伤人员和 1 位死亡人员所折算成的权重值；AADT 为年平均日交通量。

对一条道路划分成若干路段后应用同一统计周期内的事故数据计算 P_{Rc} 值，若其大于某一标准，即可认定为事故多发点段。

4）安全系数法

一般而言，车辆刚刚进入平曲线转弯路段之初驾驶员会较为紧张，之后紧张程度会慢慢缓解，故定义安全系数 K 为危险路段车辆行驶的最大限制速度 V_{max} 与先前路段上的车辆行驶速度 V_e 之比，即满足 $K = V_{max}/V_e$。

该方法所关注的实质为线形连续性问题。若该线形不连续，则突变路段必然会引发车辆行驶速度的急剧变化。这必将增加驾驶员心理压力，造成驾驶员紧张情绪陡增，极易导致交通事故的发生。当安全系数 K 值小于 0.6 时，该地点即可判定为潜在事故多发点。

3. 综合法

综合法包括矩阵法、质量控制法和当量事故数–事故率法。

1）矩阵法

该方法综合运用事故数法和事故率法，以事故次数作为横坐标，以事故率作为纵坐标，根据一定的事故数指标和事故率指标划分为四个象限，计算所判别路段的事故数、事故率，并确定其在矩阵中的具体位置，根据所处位置判别其是否为多发路段。

如图 7-2 所示，位于 1 区的双高路段（高事故数、高事故率）需重点进行深入考察，位于 2 区（低事故数、高事故率）、3 区（高事故数、低事故率）的路段是否为事故多发路段尚需有效结合线形条件等因素具体分析。

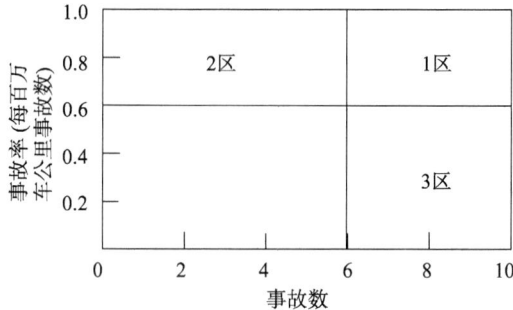

图 7-2　事故数与事故率关系

2）质量控制法

质量控制法由 Norden 等（1956）于 1956 年提出，该方法假设各路段交通事故的发生数量服从泊松分布，即该路段在时间 t 内发生 n 起交通事故的概率符合：

$$P(n|u,t) = \frac{e^{-\mu t}}{n!}(\mu t)^n \qquad (n \geqslant 0) \qquad （7-6）$$

其均值和方差均为 $E(n) = \text{var}(n) = \mu t$，根据德莫佛–拉普拉斯定理，可知其极限分布为正态分布：

$$\lim_{t \to \infty} P\left\{ \frac{\sum_{k=1}^{m} x_k - \mu t}{\sqrt{\mu t(1-\mu)}} \leqslant x \right\} = \frac{1}{\sqrt{2\pi}} \int_{-\infty}^{x} e^{-\frac{t^2}{2}} dt \qquad （7-7）$$

对式（7-7）进行整理可得到参照路段事故率的临界上下限值 R^+ 和 R^-：

$$R^+ = \frac{x^+}{m} = \lambda + k\sqrt{\frac{\lambda}{m}} + \frac{1}{2m} \qquad (7\text{-}8a)$$

$$R^- = \frac{x^-}{m} = \lambda - k\sqrt{\frac{\lambda}{m}} - \frac{1}{2m} \qquad (7\text{-}8b)$$

式中，λ 为相似路段的百万车公里事故数指标；m 为路段累计车辆数指标（亿车）；k 为对应于一定置信度水平的参数值，如取 95% 的置信区间，k 取 1.96。

当实际计算得到的事故率值大于 R^+ 时，该路段为事故多发段，亟需采取相应的安全整治措施；当事故率值小于 R^-，该路段为相对较安全路段；当事故率值 R 满足 $R^- < R < R^+$ 时，对部分比较接近于 R^+ 路段的可作为潜在事故多发点，通过跟踪观测，酌情采取措施，同时针对鉴别结果分析确定其交通安全改善的优先次序。

3）当量事故数–事故率法

该方法综合考虑当量事故数和当量事故率法，将单位长度路段的事故数量、死亡人数、受伤人数根据权重统一折算成当量事故数，进而计算当量事故率，以一定步长移动寻找事故多发点，并按照矩阵法的理论来确定事故多发点。

设在第 i 种类型路段上第 j 个路段的 t 年 L 长路段上当量事故数与事故率取值为 ER_{ij} 与 ER_{fij}，上限可通过质量控制法求得 $\overline{\mathrm{ER}_{mj}}$ 与 $\overline{\mathrm{ER}_{fmi}}$。

当 $(\mathrm{ER}_{ij} > \overline{\mathrm{ER}_{mi}}) \bigcap (\mathrm{ER}_{fij} > \overline{\mathrm{ER}_{fmi}})$ 时，路段 j 属于 A 类路段；

当 $(\mathrm{ER}_{ij} > \overline{\mathrm{ER}_{mi}}) \bigcup (\mathrm{ER}_{fij} > \overline{\mathrm{ER}_{fmi}})$ 时，路段 j 属于 B 类路段；

当 $(\mathrm{ER}_{ij} < \overline{\mathrm{ER}_{mi}}) \bigcap (\mathrm{ER}_{fij} < \overline{\mathrm{ER}_{fmi}})$ 时，路段 j 属于 C 类路段。

一般在 A 类的事故多发点，在条件许可时可以选取 B 类中一些点确定事故多发点，可以按照当量事故数的顺序对事故多发点进行优先治理。

4. 事故多发点鉴别方法评述

事故数法依赖于事故观察统计资料，其事故多发点的指标简单明确，鉴别技术易操作，判断精度相对较高。但若原始数据统计有缺陷，则事故数法的精度大大降低，其鉴别结果的可信度不高；若扩大样本统计年限，则易造成事故范围不集中、交通环境变化较大，致使鉴别结果与实际情况有差异。

事故数法考虑了事故的绝对统计数、交通量影响和路段长度，较事故率法更接近实际交通状况，但交通量与事故数间并非存在绝对意义上的正比关系。如果山区高速公路的交通量相对较少、车速较快，此时也易发生交通事故，尤其是在长大下坡、小半径曲线等线形不良路段，且分区段交通量数据难以获取。因此，事故率法的鉴别结果常会得到小交通量–高事故率或大交通量–多事故数–低事故率的结果。其中的安全系数法不考虑历史事故数据，仅依赖于车速，未考虑道路线形指标外的交通工程设施、自然环境等因素，无法准确评估车速，且该方法脱离了历史事故资料，易导致评价结果与实际偏差较大。

综合法中，矩阵法无法明确判断事故数少–事故率高和事故数多–事故率低的情况，当量事故数–事故率法进一步考虑了交通量因素和事故严重程度的影响，较常规事故数法精度更高。质量控制法考虑交通量与路段长度因素，与相似路段的平均事故率进行对比确定事故多发点段，较事故数法和事故率法考虑得更细致，但该方法需相似路段的事故统计资料作为基础，增加了分析难度。

7.2　不利天气条件下路侧事故多发点/段成因分析

路侧事故多发点成因可通过采用模糊 C 均值（fuzzy C-means, FCM）聚类方法提取其主要事故原因获得，也可以通过分析影响事故多发点的各种因素（即道路条件、交通条件、天气条件、路侧设施等因素），应用决策树方法，分析得到各因素对路侧事故发生的独立和综合影响，获取影响事故多发点形成的关联规则，从而获取路侧事故多发点的主要成因。下面对基于决策树的事故多发点成因分析方法进行介绍，事故多发点统计资料见表 7-1。

表 7-1　事故多发点统计表

区间	客1型	客2型	客3型	客4型	集1型	集2型	货1型	货2型	货3型	货4型	货5型	合计
温家圳互通—墨西陈家枢纽	911483	40286	152046	74366	5309	22260	80803	534983	388447	348444	975818	3534245
墨西陈家枢纽—进贤互通	1174523	43586	156061	79105	5477	23068	87797	422429	374461	340259	979285	3686051
进贤互通—东乡互通	1189017	44673	158774	79959	5578	23160	91501	431144	380872	342299	982839	3729816
东乡互通—余江互通	1240726	48428	167574	86627	5478	23489	94018	432410	410940	346634	1001590	3857914
余江互通—鹰潭枢纽	1219406	46394	166693	86869	5438	24816	92165	422407	414034	347439	1006441	3832102
鹰潭枢纽—鹰潭西互通	1307946	48062	170623	91477	5640	24825	101549	429935	414634	347706	1002817	3945214
鹰潭西互通—鹰潭东互通	1222748	49602	173730	97779	5722	25018	101262	454074	482059	374734	1046316	4033044
鹰潭东互通—贵溪互通	1364992	53808	179452	100255	5736	25004	119066	488925	514388	390647	1060572	4302845
贵溪互通—弋阳互通	1313579	53997	181032	102706	6535	25127	122591	509348	535108	404851	1082226	4337100
弋阳互通—杨梅岭互通	1382993	52638	185298	108204	6562	25376	125345	518444	544464	402321	1093717	4445362
杨梅岭互通—上饶西互通	1443310	51704	183831	109057	6546	25365	116686	506212	543178	393758	1087119	4466766
上饶西互通—上饶东互通	948404	43733	175762	101668	6862	24728	74517	472585	528584	388668	1095621	3861132
上饶东互通—广丰互通	1317141	55067	209131	117856	7448	26502	89922	594671	558188	398286	1122034	4496246
广丰互通—玉山互通	1379985	58521	219172	128010	7508	26699	90541	613863	563361	386048	1124504	4598212
玉山互通—梨园站	985416	46666	188888	126798	7243	27109	67674	530727	549199	375409	1104059	4009188

决策树常用的算法有 ID3、CART、CHAID、C4.5、C5.0 等。相比之下，C5.0 算法在运算效率上有了很大的提高，针对大数据集的分类，不仅可以直接处理连续型属性，还可以允许训练样本集中出现属性空缺的样本，生成的决策树的分枝也较少。从理论上讲，C5.0 决策树算法较完善，且简单易懂，生成速度也比较快，通过生成的决策树可以生成更准确的可理解规则。

因此，本书建立了 C5.0 决策树分析方法用于事故多发点的成因分析，C5.0 决策树的构建分为三步：决策树的生成、决策树的剪枝和算法规则提取。

1）决策树的生成

决策树的生成是指构造决策树结构，由训练集生成一棵决策树。本书构造的决策树结构如图 7-3 所示。

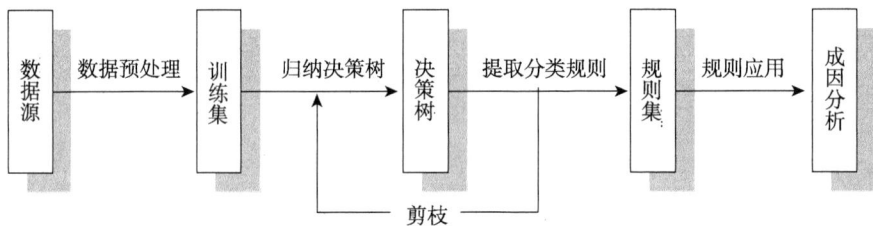

图 7-3　决策树结构

决策树的构造主要包括下面几个步骤。

（1）系统从数据库收集交通事故数据和关联信息，对数据信息进行合并，形成结构统一的交通事故多发点成因分析数据源。

（2）对数据源进行数据预处理，去掉与决策无关的属性和高分支属性，将数值型属性进行概化以及处理含空缺值的属性，形成决策树的训练集。

（3）对训练集进行训练，计算每个属性的信息增益率，选择信息增益率最大的属性作为当前的主属性节点，为该属性的每一个可能的取值构建一个分支。对子节点所包含的样本子集递归地执行上述过程，直到子集中的数据记录在主属性上取值都相同，或没有属性可再供划分使用，生成初始的决策树。

事故测试属性 A 的信息增益计算见式（7-9）。

$$G(A) = I(s_1, s_2, \cdots, s_m) - E(A) \tag{7-9}$$

式中，$G(A)$ 为事故测试属性 A 的信息增益；$I(s_1, s_2, \cdots, s_m)$ 为道路交通事故样本分类所期望的信息量；$E(A)$ 为事故测试属性 A 作为最佳分裂属性的期望信息。其中，

$$\begin{cases} I(s_1, s_2, \cdots, s_m) = -\sum_{i=1}^{m} p_i \cdot \log_2(p_i) \\ p_i = s_i / s \end{cases} \tag{7-10a}$$

$$\begin{cases} E(A) = \sum_{j=1}^{k} \dfrac{s_{1j} + s_{2j} + \cdots + s_{mj}}{s} \cdot I(s_{1j}, s_{2j}, \cdots, s_{mj}) \\ I(s_{1j}, s_{2j}, \cdots, s_{mj}) = -\sum_{i=1}^{m} p_{ij} \cdot \log_2(p_{ij}) \end{cases} \tag{7-10b}$$

式中，p_i 为交通事故样本属于属性类 C_i 的概率；s_{mj} 为交通事故数据样本子集 S_j 中属性类 C_i 的事故样本数；$I(s_{1j}, s_{2j}, \cdots, s_{mj})$ 为依据测试属性 A 划分 S_j 子集的分类期望信息量。

（4）对初始决策树进行剪枝。主要采用后剪枝算法对生成的初始决策树进行剪枝，并在剪枝过程中使用一种悲观估计来补偿树生成时的乐观偏差。

（5）由所得的决策树提取分类规则。先对从根到树叶的每一条路径创建一个规则，形成规则集。再将规则集显示给用户，把用户筛选过认为可行的规则存入规则数据库。

（6）系统运用决策树所得规则对事故多发点成因进行分析。

2）决策树的剪枝

决策树的剪枝是指用非训练集中的事例检验生成的决策树，剪去影响预测精度的分枝。

现实世界中的数据一般有缺值、不完整、不准确和噪声等现象。剪枝是一种克服噪声的技术，同时也能使决策树得到简化，变得更加容易理解。得到了完全生长的初始决策树后，为了除去噪声数据和孤立点引起的分枝异常，C5.0

采用后剪枝算法对生成的初始决策树进行剪枝。决策树的剪枝通常是先用叶节点替代一个或多个子树,然后选择出现概率最高的类作为该节点的类别,在C5.0中还允许用其中的树枝来替代子树。

设一个叶节点覆盖 N 个实例,其中 E 个为错误。对于具有聚类特征(clustering feature, CF)的实例,计算一个二项分布 $BCF(E,N)$,该二项分布为实例的误判概率,那么 N 个实例判断错误数为 $N \cdot UCF(E,N)$,子树的错误数为所有叶节点的总和。如果使用叶节点或者树枝代替原来的子树之后误差率能够下降,则使用此叶节点或者树枝代替原来的子树。

3)算法规则提取

对于生成的决策树,可以直接从中提取规则。将决策树转化成比较直观的规则形式,能更好地理解分类结果。分类规则是用 if - then 形式表示,每条规则都是一条从根到叶节点的路径,叶节点表示具体的结论,而叶节点以上的节点及其边表示相应条件的条件取值。从决策树到决策规则的转换如图 7-4 所示。

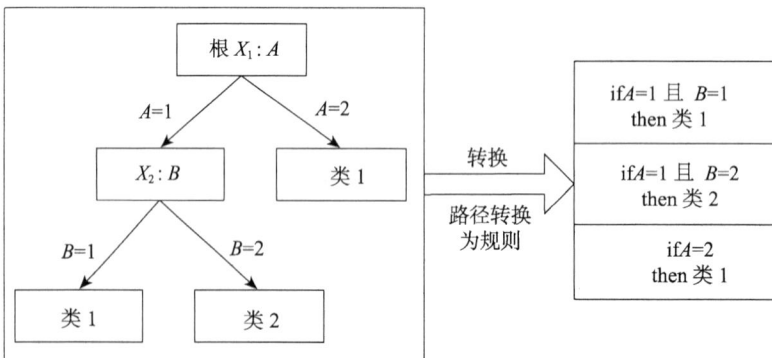

图 7-4　决策树到决策规则的转换

通过提取决策规则,进行事故多发点数据样本的划分,分析不同事故多发点的主要成因,可获得事故多发点成因的判定规则和划分标准,最终获得事故多发点成因分析冗余最小的合理决策树。

7.3　不利天气因素组合对路侧事故
多发点/段成因的影响机理

7.3.1　不利天气下高速公路的脆弱性

高速公路在不利天气发生时承担着双面角色，一方面作为道路基础设施，高速公路是应急救援系统中重要的通道保障；另一方面，高速公路也是特殊天气灾害的承载体、承受体。鉴于此，高速公路受到了多种因素即人、车、路和环境的共同作用，由此造成了不利天气条件下高速公路的道路交通系统具有一定复杂性。

高速公路交通系统在宏观方面与微观方面展现出来不同的交通特性。系统是一个整体，也是由很多很多不同的因素组成的，对于高速公路系统，组成系统的因素有多个方面。系统内部众多因素相互作用，共同影响，从而使得系统在微观与宏观方面具有不同的表现形式。不利天气作为一种外部因素，当这些因素作用于系统上的时候，对系统内部因素间的相互作用产生影响，改变系统特性，影响系统的稳定性。研究高速公路交通系统的脆弱性有利于掌握特殊天气条件下高速公路交通系统安全的本质问题。

高速公路脆弱性的致因在于：从先天条件来看，高速公路由于受到资金、技术、建设标准等众多不利因素的制约影响，导致先天不足，建设标准不高，设施设置不健全，缺失率高，相关的配套设施建设处于滞后状态。同时，养护及维修不到位，部分基础设施年久失修，危桥等大量存在，存在一定的安全隐患。当不良气象发生时，其承受能力不足，容易导致事故发生。

从内部环境来看，一是高速公路的道路使用者组成多样，在年龄、受教育程度、个人素质和安全意识方面存在着较大差异；二是道路车辆组成复杂，高速公路在对外交流频繁的背景下，道路车辆也呈现出多样化趋势，车辆类型组成多样，同时由于监管难度大，超限、超载车辆大量存在，加上沿线居民交通安全意识不强，乱堆乱放现象普遍，严重影响了道路安全。可以看出，高速公路交通系统内部影响因素复杂，一定程度上加大了特殊天气条件下出现交通事故的可能性，致使高速公路交通存在脆弱性。

从外部环境来看，由于受到地形地貌条件的限制，高速公路所在区域的气候、地质条件多不相同，差异性明显，加上高速公路先天条件不足，技术等级低，线形较差，安全设施设置不到位，在外部环境不利的情况下，一定程度上也增加了高速道路交通系统的脆弱性。

7.3.2　不利天气下高速公路的不确定性

高速公路系统是由许多子系统共同组成的一个大系统，其覆盖面广，涉及的因素众多，而高速公路作为一个公共性设施产品，具有相应的公共特性，加上其自身处在环境多变的复杂外部系统中，因此可以看到，高速公路交通系统是一个环境复杂，影响因素众多，具有高度随机性但是某种程度上可控的复杂大系统。

一般情况下的高速公路交通系统，其发展方面、发展前景及相应的供需关系变化都能够预测，某种程度上也是可以人为加以控制的。在某种程度上更多地可以探讨系统各个部分之间的关系，包括内外部及它们两个之间的不同作用关系，最终的目的是找到相应的解决方式，得到一定的发展规律，为接下来的研究奠定基础。

从不利天气的角度来看，由于不利天气自身就涵盖着一定的不可预知性，发展趋势也难以预测，由此导致其对于交通系统的影响也处于一种不可预知的状态。而高速公路的道路使用者作为一个独立的个体，会根据自身的目标准则进行相应的决策分析，以此决定下一步行动方案。个人参与者的方案制定都会遵从相应的效益最大化原则，以此来实现自己的目标。个人参与者的决策相互影响汇集，最终形成总体合力而影响系统走向。但鉴于每个交通参与者其决策都具有不确定性，导致未来交通系统也具有不确定性。不利天气在交通系统中主要作用于道路使用者，从而使道路使用的行为具有一定的不可预知性，这也决定了特殊天气对高速公路系统所带来的不确定性。

7.3.3　不利天气对高速公路的影响

1. 不利天气对交通需求的影响

道路上的交通需求与不利天气有直接关系。不利天气能直接影响高速公路上的交通需求水平，一定程度上将改变路网上的交通负荷度，对交通流量进行重新分配。不利天气对农村公路交通需求的影响首先表现在影响道路的正常通行能力，导致部分高速公路通行能力下降。正常天气条件下交通量较少，通行能力不受影响。当不利天气发生时，首先导致系统内部平衡改变，出现相应的灾害或引发交通事故，阻断道路交通，由此降低通行能力。其次，不利天气的发生会影响出行者的行为选择。当不利天气出现时，公众的出行需求受到影响，降低了公众的出行需求。而高速公路交通系统处于一种封闭状态，管理部门容易进行有效的控制。不利天气所引发的道路交通延误、堵塞，一般情况下会对公众的生命财产造成严重威胁。

2. 对道路网的影响

不利天气对高速公路交通网络的影响主要表现在对高速公路交通网络可靠性的影响，可以说在某些程度上主要包括两个方面：车辆在路网运行情况和路网中交通流量承载能力。首先，高速公路接入口少，不利天气往往会造成节点上相应交通设施的损坏，由此导致出行受阻，使道路网络的连通度受到不良影响。其次，不利天气也会将系统内部及系统外部的不稳定因素中的隐形因素转化为显性因素，造成系统处于波动状态，导致道路使用者在路网中的路径选择不明，造成使用者出行的可靠性不高。最后，不利天气对于路网容量的影响主要在于降低了匝道的通行能力，由此造成交通量在道路网络容纳水平的降低，最后导致路网容量可靠性不高。

7.3.4　不利天气对高速公路交通安全运行影响分析

（1）不利天气发生时，高速公路交通系统内外部环境发生变化，增加了驾驶员的车辆操作性难度，对驾驶员心理产生不良影响，增大驾驶员驾驶车辆的压力。复杂的外界环境作用于驾驶员时，驾驶员会保持精神的高度集中，但长时间精神的高度集中容易导致驾驶员精力的分散，反而出现注意力不集中，产生行车疲劳感，对外界环境变化的敏感度下降。一旦出现突发状况，尤其是对驾驶技术不熟练的驾驶员，可能会造成手忙脚乱，反应时间过长，动作不规范、不协调，增大了车辆驾驶难度，增加了行车的危险系数。同时，由于精神高度集中，驾驶员会长时间处于一种固定的驾驶坐姿，由此造成身体相关部位不适，进一步加大了驾驶危险系数。

（2）不利天气对于道路交通的另一个重要影响因素就是降低了道路能见度水平，增大了驾驶员判断的难度，同时降低了车辆与道路的附着系数，缩短了驾驶员的反应时间，增大了行车危险系数。能满足驾驶员同志的正常行驶要求的视距是一种基本的视距水平，而基本的视距水平在驾驶员操作车辆中发挥着重要的作用。不利天气一定程度上会降低能见度，增大行驶难度。同时，从另一个角度上说，当天气条件不好时，尤其是发生了雨天、雪天、雾天等不利的气象因素时，道路的附着系数会降低，也十分不利于行车的安全。增加驾驶员的车辆操控难度，是交通事故出现的一个重要因素。

7.4　不利天气条件下路侧事故多发点/段成因分析案例

通过对江西省高速公路网鉴别出的事故多发段进行成因分析发现，分类变量采用"是否为路侧事故多发段"指标无法获得决策树的关联规则，因此分类变量只能采用"路侧事故多发段次数"指标，最终确定以判别 3 次及以上事故多发点/段次数为分析对象，有效事故多发点/段数据共计 94 个。

决策树分析结果如图 7-5 所示，分析结果表明，上述决策变量中仅有年平均日交通量（annual average daily traffic, AADT）关联性较强，可以提出相应的关联规则，具体规则如下。

（1）规则用于 3–包含 1 个规则

　　if 日交通量> 3114　　　　　　　　　　　then 3.000

（2）规则用于 4–包含 1 个规则

　　if 日交通量≤3114 且日交通量>985　　　　then 4.000

（3）规则用于 5–包含 1 个规则

　　if 日交通量≤985　　　　　　　　　　　then 5.000

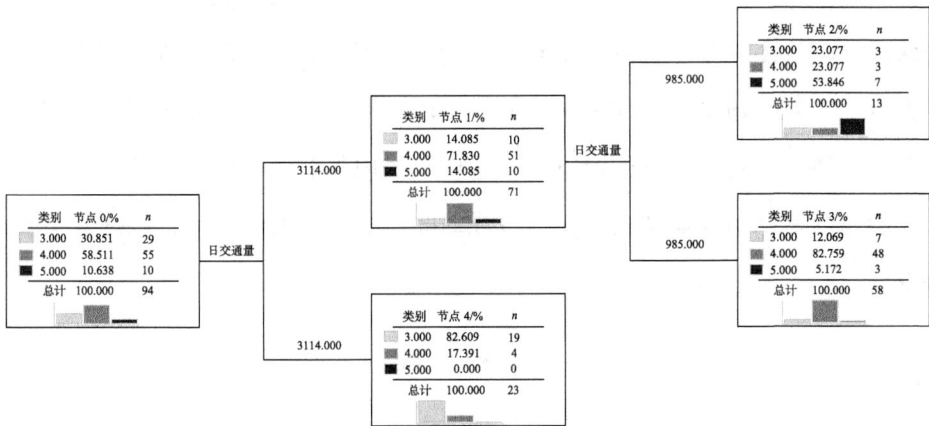

图 7-5　江西省高速公路网路侧事故多发段成因分析结果

由上述结果可知，对于江西省高速公路网路侧事故多发段，年平均日交通量 AADT 为其主要成因。当 AADT>3114veh/d 时，路侧事故多发段判别次数为 3 次；当 985veh/d<AADT≤3114veh/d 时，路侧事故多发段判别次数为 4 次；当 AADT≤985veh/d 时，路侧事故多发段判别次数为 5 次。从而说明交通量较小时，事故多发段事故反而较多的结论，这也验证了交通量与路侧事故关系的结论。但需要说明的是，受数据来源限制，可供分析的决策变量指标较少，一旦获取更多决策变量指标（如线形指标、天气指标等），可获得更为具体的决策树

关联规则。

  通过对案例进一步分析，可知刹车不及时、操作不当、追尾、车辆故障、车速过快、车辆打滑、雨天路滑、疲劳驾驶、驾驶不慎、方向盘失控、避让行人、刹车失灵、车辆超宽超载、大雾天气等为路侧事故的主要成因，而路侧事故多发段则主要出现在一些长大下坡和急转弯路段。路侧事故多发段地形复杂，地势起伏大，某些路侧事故多发路段属于长陡坡路段，平均纵坡度较大。连续下坡使超载大货车容易刹车失灵，以及超速行驶、违章超车以致车辆失控等，这都很容易引发路侧事故。

  多数路侧事故多发段路段在下坡同时由于山势走向变化，弯多弯急，坡大且长，给过往车辆尤其是大货车造成严重交通隐患。与此同时，许多山区高速公路路侧事故多发路段也是常年雾区，期间常遭遇大雾弥漫，能见度很低，一定程度上引发交通事故。在一些事故多发段，路面平坦，行驶速度快。在雨天情况下，隧道外路面附着系数下降，造成隧道内外路面附着系数差异巨大，此外，隧道内照明、通风情况不佳，造成驾驶员视觉上明暗差别，极易发生交通事故。

参 考 文 献

NORDEN M, ORLANSKY J, JACOBS H, 1956. Application of statistical quality-control techniques to analysis of highway-accident data[J]. Highway Research Board Bulletin, 117: 17-31.

第8章 不利天气条件下山区高速公路路侧事故多发点/段安全改善

8.1 考虑降雨影响的路侧事故多发点/段的安全改善措施

雨中行车安全隐患主要表现在以下几个方面：降雨对路面的影响，容易导致车辆侧滑和控制失灵；雨天能见度低，驾驶员视线容易受阻，给安全行车带来困难。

据统计，日降雨量在 10mm 以上时发生车祸的概率开始增大，此时路面一般都有积水，导致路面与汽车轮胎的附着系数减小，汽车的制动距离增长，侧滑的可能性增大，方向控制容易失灵，一旦有险情，难以急刹车；毛毛雨时空气水平能见度低，而狂风骤雨时刮雨器常常不能刮尽玻璃上的雨水，从而造成驾驶员视线模糊。

因此，在雨中行车时要集中精力，耐心避让，多鸣号少超车，适当减速，做到经常检修机动车刮雨器。必要时，公安交警部门可采取交通管制等强制措施。

8.2 考虑团雾影响的路侧事故多发点/段的安全改善措施

为了保证雾天行车安全，建议驾驶员从以下几个方面采取相应的措施：当遇到浓雾弥漫无法前进时（视线不足 3m），应该停车避让，待雾气减退情况好转再行车；当视线在 30m 以内时，行车速度不得超过 20km/h，行进时应打开雾灯、近光灯及尾灯，遇到对方来车时要先鸣喇叭，减速让道，不逆向行驶，不抢道，不超越同向行驶车量。

雾天能见度过低时，公安交警部门要及时实施交通管控，控制措施包括封路、限速通行或分车型限制通行等，同时加大执勤警察的巡逻力度，及时处置紧急事件。公路管理部门要利用可变情报板或由收费员向驾驶员给出提示，可在危险的路口或者路段竖起"危险，事故多发事件！"等警示标语。

8.3　考虑冰雪影响的路侧事故多发点/段的安全改善措施

为了降低冰雪天道路交通事故数量，在冰雪路面上行驶应保持低速缓慢前行，不要猛打转向盘和急刹车，有条件的要及时加装防滑链。对上下坡路段，需要在路段上撒砂子，以增大路面附着系数。在管理上，要提前制定应急预案，与气象部门和交警部门保持良好的信息沟通，随时备好防滑料和除雪设备及人力，准备应对冰雪灾害天气。要特别注重坡路、弯道等重要路段的除雪保障，必要时可采取融雪剂辅助，但要妥善使用，以便破坏路面。

在交通的组织管理上，要根据实际路况采取必要的措施，确保交通安全。可以通过可变情报板等方式提出特定条件下的限速要求，必要时可采取控制交通流、限制车型、限制通行，甚至完全封闭等手段，以预防重特大事故的发生。

8.4　考虑不利天气组合因素影响的路侧
事故多发点/段的安全改善措施

8.4.1　交通事故与不利天气的关系

根据交警记录的事故资料，天气主要分为晴天、雾天、阴天、雨天和雪天五种气候，其中雾天、雪天应该是一年当中出现次数最少的天气，因此其发生的事故数也相对较少，但无法说明哪种天气情况下容易发生交通事故。以晴天和非晴天进行比较，晴天事故和非晴天事故数的比值为 66.75∶33.25，晴天致死事故数和非晴天致死事故数的比值为 62.34∶37.66。可以看出，大多数的事故都是发生在晴天条件下的。晴天在一年中的比例最高，所以其发生的事故数也是最高的。晴天天气下，驾驶的调价良好，视野清晰，相对驾驶的车速也更快，对于紧急情况来不及采取一定的避让措施，其事故也相对严重。

从图 8-1 和图 8-2 中可以看出，除晴天外，阴天和雨天发生的事故也比较多，分别为 13.36% 和 17.42%，除此之外还有雾天和雪天，分别为 10.38% 和 3.61%，江西地区雨水较多，冬季时常有雾天出现。雨天行车时，路面因为雨水而摩擦系数大大下降，在转向时容易出现车轮胎打滑的情况，再加上雨水对视线的干

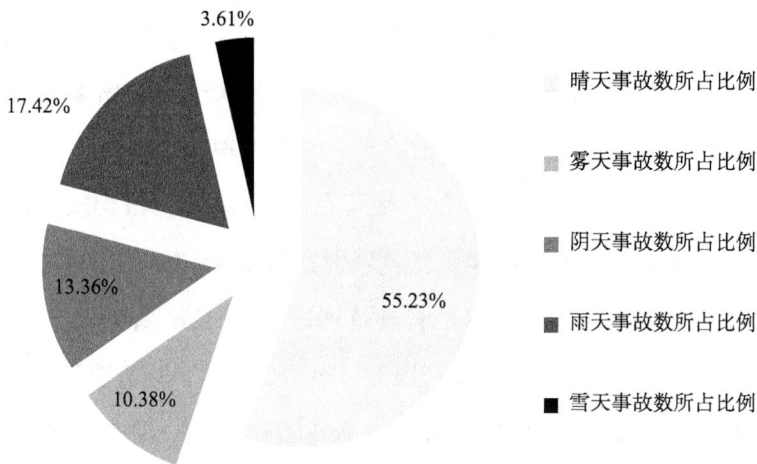

3.61%

17.42%

13.36%

10.38%

55.23%

晴天事故数所占比例

雾天事故数所占比例

阴天事故数所占比例

雨天事故数所占比例

雪天事故数所占比例

图 8-1　不同天气条件下事故数所占比例

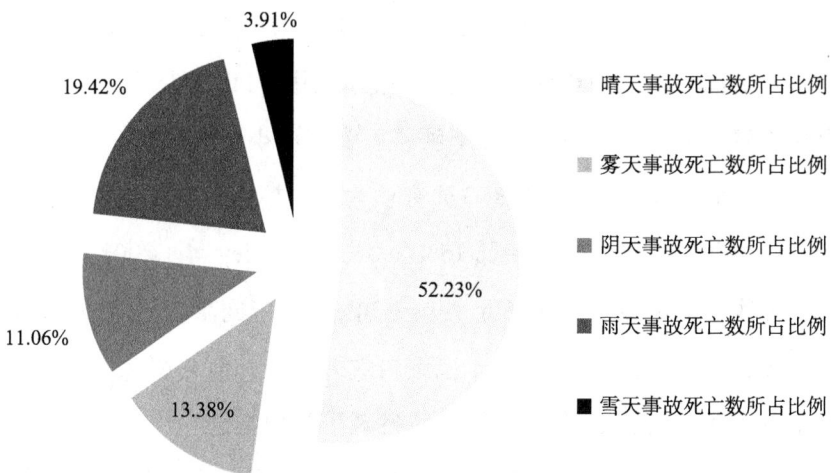

3.91%

19.42%

11.06%

13.38%

52.23%

晴天事故死亡数所占比例

雾天事故死亡数所占比例

阴天事故死亡数所占比例

雨天事故死亡数所占比例

雪天事故死亡数所占比例

图 8-2　不同天气条件下事故死亡数所占比例

扰，特别是暴雨天气，视线受阻严重，对紧急情况无法及时作出回避，导致交通事故的发生。雾天行车能见度较低，极易发生追尾事故，且事故发生频繁，伤亡人数较多。在雪天容易导致路面结冰，容易使轮胎打滑，导致交通事故。

8.4.2 安全改善措施

宽容设计理念始于 20 世纪 60 年代，美国早在 1989 年出版了《路侧设计指南》，2003 年英、法、德等欧洲 9 国联合启动了"更安全的欧洲道路路侧基础设施"计划，旨在指导路侧安全设施的建设。在欧美等发达国家和地区，较为成熟的安全设施包括路侧净区、安全护栏、路肩处理等。Stonex 的研究表明在路侧边坡较小情况下，80%～85%的车辆可在距车道边缘 9m 内安全停稳，坡度较大时该距离则显著增长，故建议路侧恢复区域至少 9m。美国联邦公路局、Lovell（1968）等均对路侧净空区的合理范围进行了研究，结果表明净空区的设置需综合考虑车速、车辆类型、线形限制、地质条件等，其边坡不能大于 1∶4，该结论与美国联邦公路局的较为接近。Lovell（1968）深入研究了与车道线外路侧净区边界的确定问题，确定了横向视距最佳时的设置条件。Zegeer 等（1980）对比研究了路侧边坡为 1∶3～1∶2 和 1∶3～1∶7 间相似路段的事故率，结果认为边坡大于 1∶5 的路段事故率较大，建议小于该阈值以保证冲出路外事故的伤亡最小。美国和澳大利亚等国研究表明路侧硬路肩在减少事故数、降低伤亡程度上较路肩效果良好，一般情况下硬路肩要求不小于 2m 宽，个别困难路段也不得少于 0.6m。Naime 等（1986）研究认为路肩标线设置有助于降低事故率，对应于直线段和曲线段可分别降低 15%和 45%，Godley 等（2002）的研究结果表明路肩标线设置可使事故率降低 13%～30%，对夜间事故更为显著。Armour 等（1983）指出路肩宽度在 0～2m 范围内效果最佳，但超过 2.5m 时改善安全状况效果不明显，Schrock 等（2011）也发现了类似结论。

美国《路侧设计指南》中规定了路基坡度、交通标志、防撞护栏等安全设施的设置标准，如将护栏的安装费、维修费与无护栏时的事故损失费做成本效益对比分析来确定是否设置护栏，目前该指南成为美国公路设计行业最重要的指导规范之一。在护栏设计方面，1967 年 Edwards 等（1967）发布的"解体消能路侧标志支撑结构"报告中首次提出了解体消能理论，随后对解体消能标志支撑进行了深入研究，提出了解体消能标志滑动基础的设计方案，该成果目前已广泛应用于美国公路安全设施的设计中。20 世纪 60 年代，纽约州交通运输局开始应用三股悬索护栏，该类型护栏符合 NCHRP 350 报告中的护栏碰撞标准，90 年代后华盛顿州交通运输局开始使用 10m 宽中央隔离带(Albin et al., 2001)。Villwock 等（2011）的研究结果表明安装悬索护栏可有效减少 94%的碾过中央隔离带导致的多车碰撞事故和 70%的单车碰撞中央隔离带(宽度足够)事故，然而在中央隔离带较窄情况下无法显著降低事故数。Gabauer（2012）指出在重载货车比例较大的山区高速公路上，路侧护栏的设置标准应予以提高，否则大型货车冲出路外事故的风险较小汽车高 6 倍。Persaud 等（2004）报道安装中央振动减速带后可有效减少刮擦事故的发生，其造价低廉、安装方便，尤其适用于双车道农村公路。

1. 交通管理及控制策略

不利天气条件下山区高速公路交通安全的有效保障应从天气监测、信息发布、紧急救援和交通管理等几个系统全方位进行。

1）天气监测系统

在该系统相关监测管理部门要实时掌握最新的天气情形和天气信息，在此基础上要及时有效地把信息传递出去，一般要与其他部门建立专用的信息通道，保证所检测的天气状况等资料能有效地发布出去，避免造成信息延误等事故出现。

2）信息发布系统

该系统主要是等特殊天气发生变化时，道路管理部门通过可变信息情报板设置相应的交通标志、固定标志或临时标志，对道路使用者提供相关的道路信息及天气信息，保证道路使用者的安全应用。

3）紧急救援系统

此系统的目的是在出现灾害事故时要以人为本，并及时有效地进行救援抢救工作，保障在事故中受伤人员能及时得到安抚救治，同时也要保证其他受到事故影响的人员等及时地消除事故带来的消极影响，保证交通系统能正常、稳定、和谐地持续运营。

4）交通管理系统

道路在不良气象条件下的交通组织不可缺失，及时、有效的道路交通组织能够有效地避免交通事故的发生，也可以在事故发生后及时地疏导，避免二次事故的出现，保证道路运行系统的安全和高效。

2. 不利天气条件下速度控制方案

在不利天气发生时，要确保公路上的车辆能够安全行驶，前后车辆间需要拥有一定的安全距离。驾驶员需要有良好的视距条件，在发现前方停车或障碍物时，及时对车辆进行制动减速，车辆在减速滑行直到停止过程中，后车不会产生对前车追尾事故。

为了更好地进行控制，对不利天气进行如下分类：

第一等级：薄雾、轻雾、毛毛雨、小雨、小雪；

第二等级：中雾、中雨、大雨、中雪；

第三等级：大雨、大雾、大雪；

第四等级：浓雾、暴雨、大暴雨、特大暴雨、特大暴雪、冰冻。

1）第一等级天气等级限速方案

不利天气等级中第一等级出现时，相应的气象指标参数为日降雨量为 0.1～10mm，雾天能见度为 500m 左右，降雪量为 0.1～2.4mm，车辆轮胎与路面的摩擦系数为 0.6～0.8。依据上述限速方法得到车辆的安全车速计算公式，计算得到具体的限速方案，见表 8-1。

表 8-1 第一等级天气限速方案

天气状况	最高限速值/(km/h)
毛毛雨	60
小雨	50
薄雾	60
轻雾	60
小雪	45

2）第二等级天气等级限速方案

不利天气等级中第二等级出现时，具体的天气指标参数为日降雨量为 10～25mm，雾天能见度不到 200m，降雪量为 2.5～4.9mm，汽车轮胎与路面的摩擦系数为 0.4～0.6。依据上述限速方法得到的车辆安全车速计算公式，可计算得到具体的限速方案见表 8-2。

表 8-2 第二等级天气限速方案

天气状况	最高限速值/(km/h)
中雨（摩擦系数为 0.5～0.6）	50
中雨（摩擦系数为 0.4～0.5）	40
中雾（能见度 100m）	50
中雾（能见度 110m）	60
中雾（能见度 130m）	60
中雾（能见度 150m）	60
中雾（能见度 170m）	60
中雾（能见度 180m）	60
中雪（摩擦系数为 0.5～0.6）	40
中雪（摩擦系数为 0.4～0.5）	37

3）第三等级天气等级限速方案

不利天气等级中第三等级出现时，具体的天气指标参数为日降雨量为 50～100mm，雾天能见度为 50～100m，降雪量为 5.0～9.9mm，车辆轮胎与路面的摩擦系数为 0.3～0.5。依据上述限速方法得到的车辆安全速度计算公式，可计算得到具体的限速方案，见表 8-3。

表 8-3　　第三等级天气限速方案

天气状况	最高限速值/(km/h)
大暴雨（摩擦系数为 0.4～0.5）	40
大暴雨（摩擦系数为 0.3～0.4）	30
浓雾（能见度 50m）	40
浓雾（能见度 70m）	40
浓雾（能见度 100m）	50
大雪（摩擦系数为 0.4～0.5）	32
大雪（摩擦系数为 0.3～0.4）	27

4）第四等级天气等级限速方案

不利天气等级中第四等级出现时，具体的天气指标参数为日降雨量为 25～50mm，雾天能见度不到 50m，车辆轮胎与路面的摩擦系数在 0.3 以下。依据上述限速方法得到的车辆安全车速计算公式，可计算得到具体的限制方案见表 8-4。

表 8-4　　第四等级天气限速方案

天气状况	最高限速值/(km/h)
大暴雨（摩擦系数<0.3）	30
浓雾（能见度 10m）	20
浓雾（能见度 20m）	30
浓雾（能见度 30m）	30
浓雾（能见度 40m）	30
暴雪	限制通行

3. 不利天气条件下的救援措施

完善山区高速交通事故紧急救援体系的建立在于以下几个方面。

（1）建立健全交通事故紧急救援组织，在抢救事故现场受伤人员的情况下需要具备一定抢救及急救知识的人员参与其中，提高人员的抢救素质和素养，提高对救援设备、抢救设备的操作水平，保证救援顺利、有效、及时、和谐地开展。

（2）建立现代化的异常情况交通通信系统。

（3）建立健全出现不良事故情形的决策方案制度，应该制定适应高速公路道路交通特性的应急救援预案，充分考虑山区公路的特性，联合地方相关部门，做到救援方案的制订准确到位。

（4）开展相应的出现事故后相关的救援之后的处理制度建设等。

8.5　不利天气条件下路侧事故多发点/段安全改善案例

以井冈山厦坪至睦村（赣湘界）高速公路为例，K1+260～K4+948（其中K3+453～K4+948 为分离式路基右线）路段为连续转弯路段，转弯半径较小，分别为 950m、870m 和 1604.006m，转角较大，分别为 37.584°、87.632°和 46.947°。此外，K1+800～K2+300、K2+900～K4+948 的坡度不小于 2.4%，此路段对驾驶员的操作要求较高，易引发交通事故，建议采取如下改善措施。

（1）保证停车视距，清除视距内障碍物。

（2）警示标志，提示驾驶员该路段连续转弯路段及陡坡。

（3）设置禁止超速标志。

K5+150 为井冈山隧道出入口，驾驶员驾驶车辆进出隧道时，会出现白洞或黑洞效应，驾驶员很难适应光亮度的急剧变化，易引发严重交通事故，在其前后 200m 范围内，即 K4+950～K5+350 范围内认定为事故多发路段，建议采取如下措施进行改善。

（1）在隧道出入口设置警示标志，提醒驾驶员谨慎驾驶。

（2）在隧道出入口设置光线过渡段，使驾驶员逐渐适应光线变化。

（3）在出入口设置防撞筒，降低事故严重程度。

K12+000 为井冈山隧道出入口，驾驶员驾驶车辆进出隧道时，会出现白洞或黑洞效应，驾驶员很难适应光亮度的急剧变化，易引发严重交通事故，在其前后 200m 范围内，即 K11+800～K12+200 范围内认定为事故多发路段，应采取如下措施进行改善。

（1）在隧道出入口设置警示标志，提醒驾驶员谨慎驾驶。

（2）在隧道出入口设置光线过渡段，使驾驶员逐渐适应光线变化。

（3）在出入口设置防撞筒，降低事故严重程度。

K12+283～K13+600 路段为连续下坡(方向为上坡)路段，坡度大于 2.3%，长度接近1500m。此外，K12+613.192～K13+349.465、K14+11.2225～K14+822.576 路段平曲线半径为 850m 和 1000m，半径相对较小，易导致事故，应采取如下措施进行改善。

（1）保证停车视距，清除视距内障碍物。

（2）设置警示标志，提示驾驶员该路段连续转弯路段及陡坡。

（3）设置禁止超速标志。

K16+588.107～K23+206.93 路段为连续转弯路段，转角较大，在 46°和 76°之间伴有小半径曲线，此外，在该路段有几处坡度较大的上下坡，转角大，半径小，坡度大，当车辆在此路段行驶时，对驾驶员操作车辆要求较高，极易引发交通事故，因此认定为事故多发路段，应采取如下措施进行改善。

（1）保证停车视距，清除视距内障碍物。

（2）设置警示标志，提示驾驶员该路段连续转弯路段及陡坡。

（3）设置禁止超速标志。

K24+200～K24+900 和 K26+200～K26+700 两处坡度分别为 3.2%和 3.4%，当车辆在此路段行驶时，易引发交通事故，则认定此路段为事故多发路段，应采取如下措施进行改善：设置警示标志。

K29+480～K34+250 路段为连续转弯及上下坡路段，转角较大，半径较小，坡度较大，极易引发交通事故，认定为事故多发路段，应采取如下措施进行改善。

（1）保证停车视距，清除视距内障碍物。

（2）设置警示标志，提示驾驶员该路段连续转弯路段及陡坡。

（3）设置禁止超速标志。

K34+838.283～K37.870.325 路段为连续转弯路段，转弯半径较小，转角较大，当车辆在此路段行驶时，对驾驶员操作车辆要求较高，极易引发交通事故，因此认定此路段为事故多发路段，应采取如下措施进行改善。

（1）保证停车视距，清除视距内障碍物。

（2）设置警示标志，提示驾驶员该路段连续转弯路段及陡坡。

（3）设置禁止超速标志。

K39+002.976～K39+972.476 路段转弯半径较小，转角较大，对驾驶员的操作水平要求较高，易引发交通事故，故认定此路段为事故多发路段，建议采取如下措施进行改善。

（1）保证停车视距，清除视距内障碍物。

（2）设置警示标志，提示驾驶员该路段连续转弯路段及陡坡。

（3）设置禁止超速标志。

K41+090～K42+374.080 路段转弯半径较小，部分路段坡度较大，易引发交通事故，故认定此路段为事故多发路段，建议采取如下措施进行交通安全改善。

（1）保证停车视距，清除视距内障碍物。

（2）设置警示标志，提示驾驶员该路段连续转弯路段及陡坡。

（3）设置禁止超速标志。

此外，在 K1+377 拿山河大桥(218m)、K2+373.5 夏坪大桥(498m)、YK12+914 鹅岭高架桥(128m)、K15+000 南源大桥(107m)、K16+352.5 白石互通跨线桥(107m)、K16+960 鸟石陇跨线桥(182m)、K17+590 南源弯大桥(157m)、K18+738 白石铁路跨线桥、K19+455 金源大桥(338m)、K24+850 上山田高架桥(107m)、K25+330 樟树坡高架桥(188m)、K26+327 邓亚里高架桥(257m)、K27+277 半下陇分离立交桥、K29+420 李亚高架桥、K30+851 砻市互通跨线桥(107m*)、K32+155 古田高架桥(369m)、K33+010 江南高架桥(158m)、K34+617 樟树坪高架桥(428m)、K39+134 石湾里铁路跨线桥(438.5m)、K39+992 罗家山高架桥(248m)、K40+330 花斗门高架桥(长 218m)、K41+615 睦村高架桥(188m)、K42+728 社公背分离桥(128m)处桥头附近，由于护栏刚度发生变化易导致严重交通事故，

应对桥头护栏连接处进行过渡处理。

参 考 文 献

ALBIN R, BULLARD J D, MENGES W, 2001.Washington state cable median barrier[J]. Transportation Research Record, 1743: 71-79.

ARMOUR M, MCLEAN J R, 1983. The effect of shoulder width and type on rural traffic safety and operations[J]. Australian Road Research, 13(4): 259-270.

BRAUERS W K M, ZAVADSKAS E K, PELDSCHUS F, et al., 2008. Multi-objective decision-making for road design[J]. Transport, 23(3): 183-193.

BUNN T L, SLAVOVA S, HALL L. 2008. Narrative text analysis of Kentucky tractor fatality reports[J]. Accident Analysis and Prevention, 40(2): 419-425.

EDWARDS T C, OLSON R M, 1967. Break-away roadside sign support structures[J]. Highway Research Record, 174: 1-9.

GABAUER D. 2012. Real-world performance of longitudinal barriers struck by large trucks[J]. Transportation Research Record, 2309: 127-134.

GIBREEL G M, EASA S M, 1999. State of the art of freeway geometric design consistency[J]. Journal of Transportation Engineering, 124(2): 305-313.

GODLEY S T, TRIGGS T J, FILDES B N, 2002. Driving simulator validation for speed research. Accident Analysis and Prevention, 34(5), 589-600.

KANELLAIDIS G, 1999. Aspects of Road Safety Audits[J]. Joural of Transportation Engineering, 125(6): 481-486.

KOPELIAS P, PAPADIMITRIOU F, PAPANDREOU K, et al., 2007. Urban freeway crash analysis geometric, operational, and weather effects on crash number and severity[J]. Transportation Research Record, 2015, 123-131.

LOVELL S M, 1968. Road design and safety[C]. Proceedings of the institution of Mechanical Engineers, 183(31), 102-105.

NAIME A J, 1986. Prevención de accidentes en medicina vial enfoque cardiovascular[C]. Med Priv, 2(2): 9-18.

PERSAUD B N, RETTING R A, LYOND C A, 2004. Crash reduction following installation of centerline rumble strips on rural two-lane roads[J]. Accident Analysis and Prevention, 36(6): 1073-1079.

POLUS A, POLLATSCHEK M A, MATTAR-HABIB C, et al., 2005. An enhanced, integrated design-consistency model for both level and mountainous highways and its relationship to safety[J]. Road and Transport Research, 14(4): 13-26.

SCHROCK S D, ZENG H, PARSONS R L, 2011. Development of an enhanced transportation-leveraging investments in kansas (t-link) calculator[J]. Four Lane Highways, 5: 50.

VILLWOCK N M, BLOND N, TARKO A P, 2011. Cable barriers and traffic safety on rural interstates[J]. Journal of Transportation Engineering, 137(4): 248-259

YEO H, JANG K, SKABARDONIS A, et al., 2013. Impact of traffic states on freeway crash involvement rates[J]. Accident Analysis and Prevention, 50: 713-723.

YU R, ABDEL-ATY M, AHMED M, 2013. Bayesian random effect models incorporating real-time weather and traffic data to investigate mountainous freeway hazardous factors[J]. Accident Analysis and Prevention, 50: 371-376.

ZEGEER C V, DEEN R C, MAYES J G, 1980. The effect of lane and shoulder widths on accident reductions on rural, two-lane roads[J]. Four Lane Highway, 10: 561.

第9章　不利天气条件下山区高速公路车速管理

9.1　不利天气条件下安全车速建模

驾驶员驾驶车辆在路面上以某一车速行驶，当遇到突发情况，如前方车辆因故障紧急停下或前方突然出现障碍物时，驾驶员必须采取制动措施使车辆滑行一段距离而不至于撞上前方车辆或障碍物。在这个过程中，首先在驾驶员反应的时间里，即驾驶员发现情况到踩下刹车这段时间里，车辆会以制动前的车速匀速行驶一段距离。然后，驾驶员踩刹车到车辆完全停下这段时间里，车辆会以一定的减速度行驶一段距离。这两个距离之和是驾驶员在紧急情况下的制动距离，当车辆在这个制动距离内不至于撞上前方的车辆或障碍物时，车辆便可以安全停下，因此这个距离被称为安全距离。

本书考虑突发事件情况下车辆的制动操作过程，将驾驶员的一般性操作反应时间划分为"感知时间""反应时间""车辆反应时间"和"车辆制动时间"四个阶段，如图 9-1 所示，并假设引导车（车辆Ⅰ）和跟驰车（车辆Ⅱ）具有相同的初始速度 v_0 和减速性能。

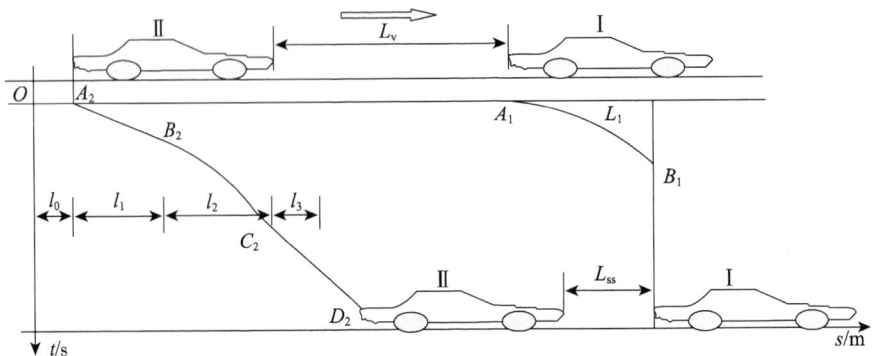

图 9-1　车辆安全跟驰四阶段模型

表 9-1 给出了车辆制动四阶段模型的参数定义和单位。

表 9-1　基本参数及单位

参数	定义	参数	定义
v_0	车辆运行速度/（km/h）	L_{ss}	相邻车辆的安全停靠间距/m
v_1	B_2 点车辆速度/（m/s）	L_v	安全跟驰间距/m
v_2	C_2 点车辆速度/（m/s）	t_0	反应滞后时间/s，记为 2s
φ	路面摩擦系数	t_1	车辆减速时间/s，记为 0.56s
g	重力加速度/（m/s²）	t_2	制动系统减速时间/s，记为 0.2s
J_1	引导车减速度/（m/s²）	t_3	完全减速时间/s
J_2	跟驰车减速度/（m/s²）	l_0	$O \sim A_2$ 间制动距离/m
J_{max}	最大制动减速度/（m/s²）	l_1	$A_2 \sim B_2$ 间制动距离/m
k	减速度变化率/（m/s³），记为 J_{max}/t_2	l_2	$B_2 \sim C_2$ 间制动距离/m
L_{s1}	引导车的紧急制动距离/m	l_3	$C_2 \sim D_2$ 间制动距离/m
L_{s2}	跟驰车的紧急制动距离/m	t_r	驾驶员反应时间/s

9.1.1　车辆制动四阶段划分

L_{ss} 为相邻两辆车停止后的安全间距，显然当车辆Ⅰ紧急制动时 $L_{s1}=0$。在 A_1 点引导车以减速度 J_1 紧急制动，行驶距离 $L_1 = \dfrac{v_0^2}{2J_1}$ 于 B_1 点处停止，车辆Ⅱ驾驶员在 O 点处发现前车制动信号，开始实施制动。从图 9-1 中可看出，车辆Ⅱ的制动过程可划分为四个阶段（Wang et al., 2012），其对应的时间分布特征见图 9-2，同时也可看出在车辆制动的各个阶段中制动力 F_p、制动减速度 J_2 的变化和持续时间的变化。

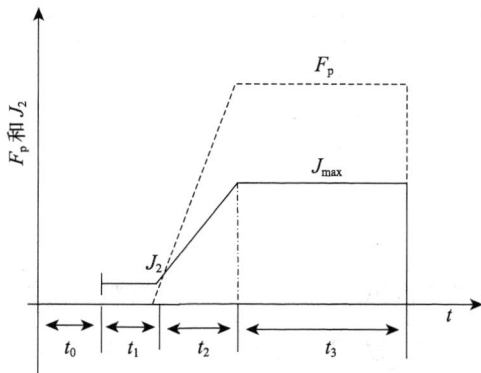

图 9-2　车辆制动四阶段模型

（1）**阶段 1**：反应滞后。该阶段包括感知时间（驾驶员意识到需采取制动操作并作出决策所用时间）、反应时间（驾驶员从制动决策后到手臂放置于制动手柄上施加制动力期间所用时间）和反应拖曳（制动操作实施后至制动系统做出反应期间的历时），车辆在 O 点至 A_2 区间维持匀速 v_0，历时 t_0。其中，驾驶员的感知时间和反应时间通常情况下为 1.5s，故该阶段制动过程总共历时约 2s，相应车辆的行驶距离 l_0 满足：

$$l_0 = \frac{v_0 t_0}{3.6} \tag{9-1}$$

（2）**阶段 2**：车辆减速。驾驶员一旦意识到车辆需要减速或停车，即刻潜意识中将脚从加速踏板上移开，除非其与前车的间距足够大。在此期间，车辆 Ⅱ 从 A_2 点移动至 B_2 点历时 $t_1 = 0.56$s，由于发动机制动，车速由 v_0 减至 v_1。

根据相关的交通调查结果，高速公路日交通量中小汽车（载重量小于 1420kg）和中型卡车的流量分别占 34% 和 27%，故本书仅考虑小汽车，以 SANTANA 2000 为典型车辆，其平均减速度见表 9-2（Treiber et al., 2007）。在 t_1 期间车辆制动距离 l_1 为

$$l_1 = \frac{v_0 t_1}{3.6} - \frac{1}{2} J_2 t_1^2 \tag{9-2}$$

同时，车辆 Ⅱ 在 B_2 点处的速度满足 $v_1 = \frac{v_0}{3.6} - J_2 t_1$。

表 9-2　小汽车平均制动减速度统计

速度/（km/h）	J_2/（m/s²）	速度/（km/h）	J_2/（m/s²）
30	0.3254	80	0.3589
40	0.3247	90	0.3740
50	0.3303	100	0.3922
60	0.3357	110	0.4135
70	0.3489	120	0.4379

（3）**阶段 3**：制动系统减速。在 t_2 期间，驾驶员持续踩踏制动踏板，同时路面的摩擦阻力慢慢增大，制动减速度从 0 增大到 J_{max}，速度也相应地由 v_1 减小到 v_2。

考虑到 $J_{max}=-g\varphi$、$k=J_{max}/t_2$、$dv/dt=kt$，C_2 点处跟驰车辆的速度为 $v_2 = v_1 - \frac{1}{2}g\varphi t_2$。因此，跟驰车辆 II 在 $t_2=0.2$s 期间的制动距离 l_2 可表达为

$$l_2 = \int_0^{t_2}\left(v_1 - \frac{g\varphi}{2t_2}t^2\right)dt = v_1 t_2 - \frac{1}{6}g\varphi t_2^2 \tag{9-3}$$

不同类型路面的摩擦系数 φ 有较大差异（表 9-3），其中重力加速度 $g= 9.8$m/s^2。

表 9-3　不用路面类型的抗滑系数（蔡桃庭等，2005）

路面类型	沥青		水泥		积雪	覆冰
	干	湿	干	湿		
φ_p	0.8～0.9	0.5～0.7	0.8～0.9	0.8	0.2	0.1
φ_s	0.75	0.45～0.6	0.75	0.7	0.15	0.07

注：φ_p 为路面抗滑系数（滑动），φ_s 为路面抗滑系数（滚动）。

（4）**阶段 4**：完全制动。t_3 期间制动力保持最大值，直至车辆 II 在 D_2 处停止，l_3 满足：

$$l_3 = \frac{v_2^2}{2g\varphi} = \frac{\left(\dfrac{v_0}{3.6} - J_2 t_1 - \dfrac{1}{2}g\varphi t_2\right)^2}{2g\varphi} \tag{9-4}$$

因此，跟驰车 II 的整个制动距离为

$$L_{s_2} = l_0 + l_1 + l_2 + l_3 \tag{9-5}$$

9.1.2　车辆安全跟驰间距

根据物理关系，相邻两辆车间的最小安全跟驰间距满足 $L_v = L_{s_2} - L_{s1} + L_{ss}$。考虑最不利情况，引导车 I 突然紧急制动，即 $J_1 = J_{max} = \infty$，$L_{ss} = 0$，则跟驰车 II 需在最短距离内制动以避免与引导车发生追尾碰撞，故式（9-5）可扩展为

$$L_v = l_0 + l_1 + l_2 + l_3 \tag{9-6}$$

实际上，式（9-6）假定相邻两辆车初始运行速度相等，且具有相同的刹车性能，即使在刹车强度不同的情况下，该模型适用于稳定交通流的情况。路面状况对车辆动力性能的影响较大，干燥路面和潮湿路面通常以摩擦系数 φ 的形

式来表征，其值为常数（Polach, 2005），见表9-3。根据式（9-1）～式（9-6），考虑初始运行速度 $v_0 = 30, 40, \cdots, 120$km/h 的 10 种情况，分别就 $\varphi = 0.45$ 和 $\varphi = 0.70$ 计算其最小安全跟驰距离，结果见表9-4。

表 9-4　最小安全跟驰距离计算结果

v_0	$\varphi=0.45$						$\varphi=0.70$						2s 原则
	l_0	l_1	l_2	l_3	l_v	$l_1+l_2+l_3$	l_0	l_1	l_2	l_3	L_v	$l_1+l_2+l_3$	
30	16.67	4.62	1.60	6.74	29.63	12.96	16.67	4.62	1.58	4.06	26.93	10.26	10.97
40	22.22	6.17	2.16	12.47	43.02	20.80	22.22	6.17	2.14	7.65	38.18	15.96	16.99
50	27.78	7.73	2.71	19.94	58.16	30.38	27.78	7.73	2.70	12.35	50.56	22.78	24.17
60	33.33	9.28	3.27	29.16	75.04	41.71	33.33	9.28	3.25	18.18	64.04	30.71	32.54
70	38.89	10.83	3.82	40.11	93.65	54.76	38.89	10.83	3.80	25.12	78.64	39.75	42.08
80	44.44	12.39	4.37	52.80	114.00	69.56	44.44	12.39	4.36	33.18	94.37	49.93	51.72
90	50.00	13.94	4.93	67.22	136.09	86.09	50.00	13.94	4.91	42.35	111.20	61.20	63.48
100	55.56	15.49	5.48	83.37	159.90	104.34	55.56	15.49	5.47	52.63	129.15	73.59	76.83
110	61.11	17.05	6.04	101.25	185.45	124.34	61.11	17.05	6.02	64.02	148.20	87.09	90.26
120	66.67	18.60	6.59	120.84	212.70	146.03	66.67	18.60	6.57	76.52	168.36	101.69	105.79

可见路面状况对安全跟驰间距的影响较大。同时，本书给出的制动距离 L_v 比通常"2s 原则"确定得要长，究其原因在于较"2s 原则"多考虑了反应滞后时间，尤其是在不良天气时，路面潮湿、摩擦系数降低时（Laurinavicius et al., 2009）。路面干燥状态下即使考虑了反应滞后时间的影响，本书得到 $l_1 + l_2 + l_3$ 与"2s 原则"给定值相差不大。驾驶员的感知与反应时间也对制动距离影响显著，其贡献度为 30%～50% 和 40%～60%，故对驾驶员进行一定安全警示或日常进行驾驶反应训练可有效提高其应对突发事件的能力。

9.1.3　参数标定

山区高速公路由于独特的地形地貌环境，经常面临降雨、团雾、路面结冰等不良天气因素的困扰，导致路面湿滑、视距受限而引发追尾等事故，大量事故资料统计表明不利天气条件下交通事故率显著高于天气状况良好条件下的事故率。在不利天气条件下，路段 2013～2035km 中不同道路线形与 85% 位车速的关系如图 9-3 所示。

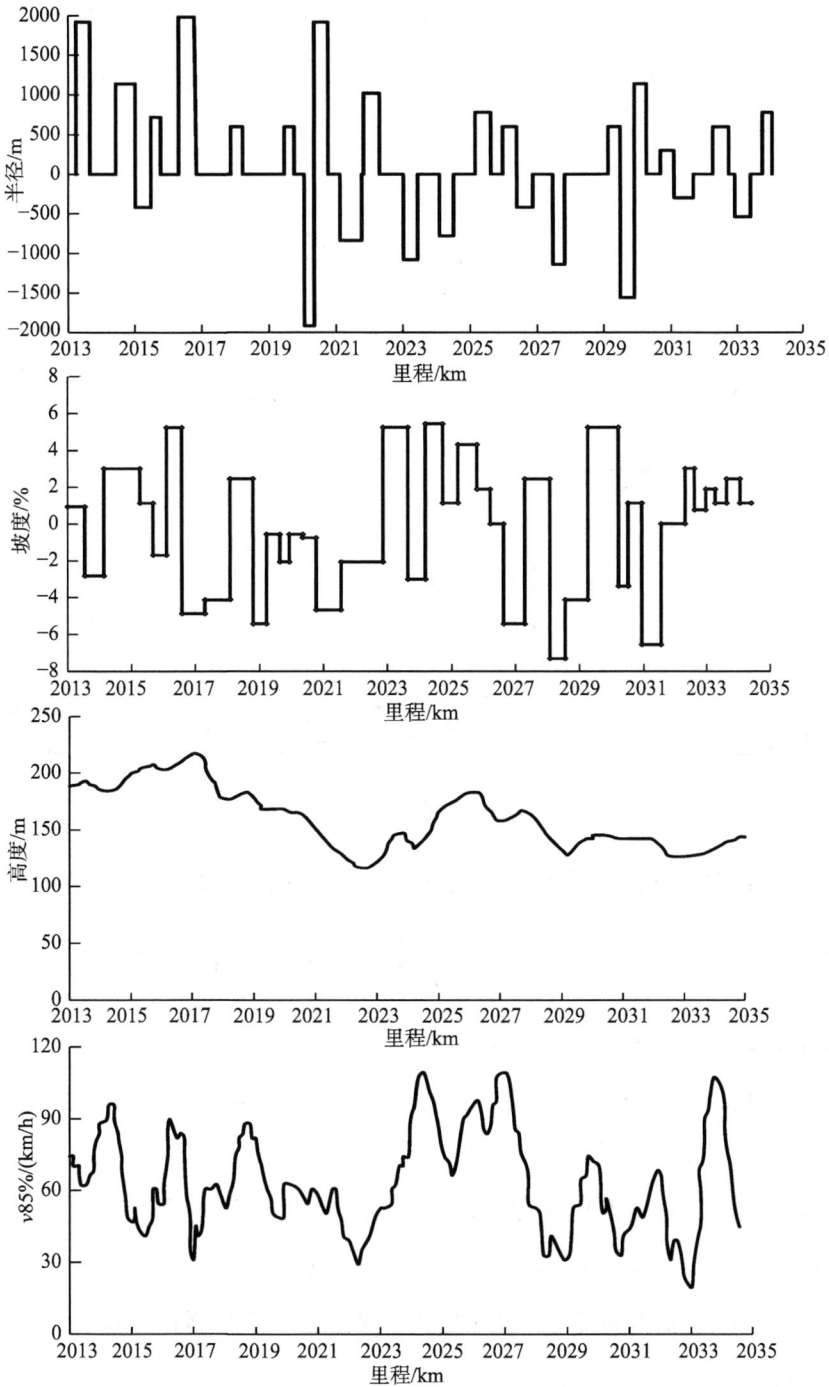

图 9-3　路段 2013～2035km 中不同道路线形与 85%位车速的关系

假定前后两辆车 I、II 以相同速度 v 在一坡度为 i 的下坡路段上行驶，安全距离为 L_{sf}，能见度为 L_v，如图 9-4 所示。显然，安全行驶的前提为 $L_{sf} \leqslant L_v$。

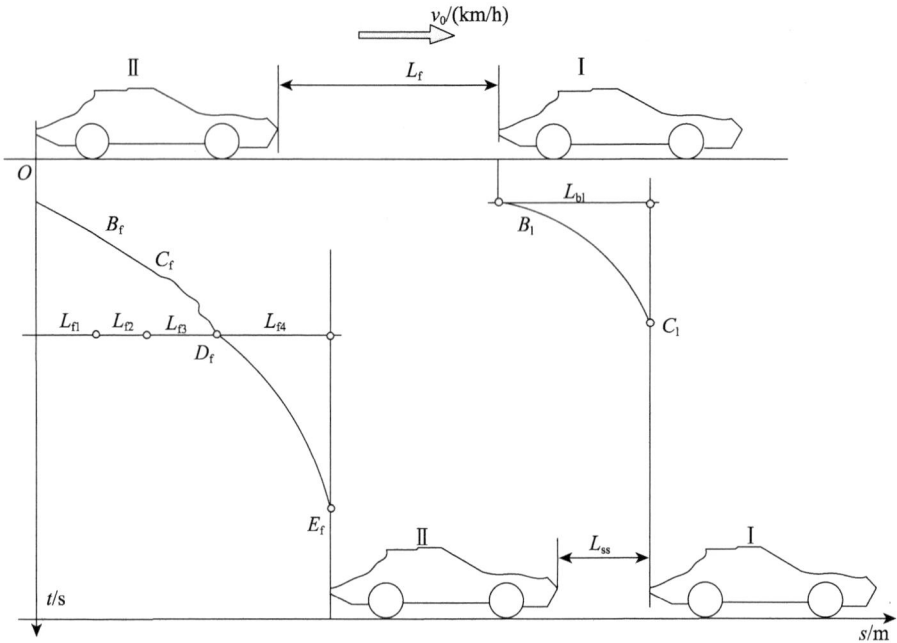

图 9-4　基于能见度指标的车辆安全跟驰模型

在某一时刻，前方引导车 I 发现前方突发事件，自 B_1 点起以减速度 J_{max} 采取紧急制动措施，驶过距离 $L_{bl} = \dfrac{v_0^2}{25.92(J_{max} - i)}$ 直至于 C_1 处停止。同时，后方跟驰车 II 发现了前方车辆的紧急制动情况，经过认知、决策后也采取了相应的制动措施。整个制动过程可划分为四个阶段：反应迟滞、车辆发动机减速、制动系统减速和完全减速。

在第 1 阶段，跟驰车以惯性维持车速 v_0 至 B_f 点，期间谨慎型、有一定经验的驾驶员耗时 $t_1 = 0.68 \sim 0.93\text{s}$，而对反应迟钝型驾驶员则需 2.0s（Karkle et al.，2011），故确定限速标准时考虑 85% 的置信度取 1.7s，则车辆 II 行驶距离 $L_{f1} = v_0 t_{re}/3.6 = 0.472 v_0$。

在第 2 阶段，驾驶员意识到减速的必要性，开始踩踏制动踏板，从 B_f 至 C_f 耗

时 t_2=0.56s，移动距离 $L_{f2}=\dfrac{v_0 t_2}{3.6}-\dfrac{1}{2}(J_2-i)t_2^2=\dfrac{v_0 t_2}{3.6}-0.157(J_2-i)\approx\dfrac{v_0 t_2}{3.6}=0.156v_0$。

这里 J_2 为车辆制动平均减速度，在行驶速度为 80～120km/h 情况下，$J_2=0.3589\sim$ 0.4379。同样，$J_2 t_2$ 数值较小可以忽略，可认为车辆在 C_f 点保持恒定车速 v_0。

在第 3 阶段，跟驰车 Ⅱ 的制动加速度从 0 增大到最大值 $J_{\max}=-g\varphi$ 耗时 t_3=0.2s，期间车辆 Ⅱ 在 $C_f\sim D_f$ 间行驶时：

$$L_{f3}=\frac{1}{2}\left[\frac{v_0}{3.6}+\frac{v_0}{3.6}-0.5(J_{\max}-i)t_3\right]t_3=\frac{v_0 t_3}{3.6}-0.01(J_{\max}-i)\approx\frac{v_0 t_3}{3.6}=0.056v_0 ，$$

且在 D_f 点，车速满足 $v'=v_0/3.6-0.5J_{\max}t_3=v_0/3.6-0.1J_{\max}\approx v_0/3.6$。

在第 4 阶段，跟驰车辆 Ⅱ 以最大加速度 $J_{\max}=-g\varphi$ 持续制动，最终于 E_f 点处

停止（速度为 0），这期间车辆的行驶距离满足 $L_{f4}=\dfrac{\left(\dfrac{v_0}{3.6}\right)^2}{2(g\varphi-i)}=\dfrac{v_0^2}{25.92(9.8\varphi-i)}$。

9.1.4　车速限制模型

在确定不良天气条件下的车速限制时，应当考虑最不利的条件，即前方为发生事故从而静止的车辆，此时 L_q=0，进一步可得到

$$0.56v_H+v_H^2/[254(f-i)]\leqslant L_n \qquad (9\text{-}7)$$

由式（9-7）可得道路不良天气条件下基于安全距离的最高车速限制值，即式（9-7）中取等号时，由一元二次方程的求根公式得出的计算公式：

$$v_a=127(f-i)\sqrt{0.309+4L_n/[254(f-i)]}-71.12(f-i) \qquad (9\text{-}8)$$

式中，v_a 为不良天气条件下的最高车速限制，km/h。

9.2　雨天车速限制标准建议

由于雨天路面附着系数小，汽车的制动效能大大降低。通常，潮湿的水泥铺装路面的附着系数是干燥水泥铺装路面附着系数的 $\dfrac{1}{2}$，因此同一辆汽车在干

湿两种不同路面的制动距离相差约两倍。汽车之所以能实现顺利转向，主要是由于地面的附着力给转向车轮一个使之侧转的分力，此时地面提供的整个附着力下降，所能提供的侧向分力相应降低，汽车转向易于失控。取潮湿路面的附着系数 $f = 0.3$，根据式（9-8）计算得到雨天对应不同能见度及坡度 i 的最大安全车速，见表9-5。

表 9-5　雨天最大安全车速

能见度/m	最大安全车速/（km/h）				
	i=1%	i=2%	i=3%	i=4%	i=5%
200	102	101	99	98	96
150	86	85	84	83	81
100	68	67	66	65	64
50	43	43	42	42	41
25	27	27	26	26	26

对表9-5中的最大安全车速取整修正后可得到雨天对应不同能见度和坡度 i 的道路车速限制建议值，见表9-6。

表 9-6　雨天车速限制建议值

能见度/m	车速限制建议值/（km/h）			
	i≤2%	2%<i≤3%	3%<i≤4%	4%<i≤5%
150～200	85	80	80	80
100～150	65	65	65	60
50～100	40	40	40	40
25～50	25	25	25	25

9.3　雾天车速限制标准建议

雾水与积灰、尘土混合使路面比较潮湿，导致轮胎与路面的附着系数减小。一般情况下，大雾天气潮湿路面的抗滑系数仅为正常路面的2/3。尤其是在较寒冷的冬季，雾水会在公路路面表层形成一层薄冰，严重降低轮胎与路面的附着系数，从而导致制动距离延长、行驶打滑、制动跑偏等现象发生。在这里取附

着系数 f=0.5，根据式（9-8）通过对能见距离及道路纵坡取不同数值，可计算出雾天的最高车速限制取值，计算得到雾天对应不同能见度及坡度 i 的最大安全车速，见表9-7。

表 9-7 雾天最大安全车速

能见度/m	最大安全车速/（km/h）				
	i=1%	i=2%	i=3%	i=4%	i=5%
200	127	126	125	124	122
150	106	105	104	104	103
100	82	81	81	80	80
50	51	51	51	50	50
25	31	31	30	30	30

对表9-7中的最大安全车速取整修正后可得到雾天对应不同能见度及坡度 i 的道路车速限制建议值，见表9-8。

表 9-8 雾天车速限制建议值

能见度/m	车速限制建议值/（km/h）			
	$i \leqslant 2\%$	$2\% < i \leqslant 3\%$	$3\% < i \leqslant 4\%$	$4\% < i \leqslant 5\%$
150～200	105	105	100	100
100～150	80	80	80	80
50～100	50	50	50	50
25～50	30	30	30	30

9.4 冰雪天气车速限制标准建议

雪天行车时，驾驶员因雪的影响，可视距离缩短；雪后天晴时，光线经积雪反射，对驾驶员视力刺激强烈。如果行车过久，这种强刺激就会致使驾驶员视觉疲劳，双目畏光、流泪，且视力下降，甚至形成雪盲症，进而导致交通事故发生。冰雪天气下路面湿滑，白天在太阳照射下融化后的积雪在夜晚温度降低后重新结冰形成"黑冰"，驾驶员在这种道路行驶时不易发觉"黑冰"存在，若以常速或超速行驶时则易发生事故。

根据式（9-8），附着系数分别取 0.15 和 0.25，对能见度及道路坡度 i 取不同数值，得到高速公路雪天最大安全车速，见表 9-9 和表 9-10。

表 9-9　冰雪天气（$f=0.25$）最大安全车速

能见度/m	最大安全车速/（km/h）				
	$i=1\%$	$i=2\%$	$i=3\%$	$i=4\%$	$i=5\%$
200	98	93	91	89	88
150	80	79	77	76	74
100	63	62	61	60	58
50	41	40	39	39	38
25	25	25	25	24	24

表 9-10　冰雪天气（$f=0.15$）最大安全车速

能见度/m	最大安全车速/（km/h）				
	$i=1\%$	$i=2\%$	$i=3\%$	$i=4\%$	$i=5\%$
200	75	73	70	67	65
150	64	62	60	57	55
100	50	49	47	46	44
50	33	32	31	30	29
25	21	21	20	20	19

对表 9-9 和表 9-10 中的最大安全车速取整修正之后可得到雾天对应不同能见度及坡度 i 的道路车速限制建议值，见表 9-11 和表 9-12。

表 9-11　冰雪天气（$f=0.25$）车速限制建议值

能见度/m	车速限制建议值/（km/h）			
	$i\leqslant2\%$	$2\%<i\leqslant3\%$	$3\%<i\leqslant4\%$	$4\%<i\leqslant5\%$
150～200	75	75	75	70
100～150	60	60	60	55
50～100	40	35	35	35
25～50	25	25	20	20

表 9-12　冰雪天气（$f=0.15$）车速限制建议值

能见度/m	车速限制建议值/（km/h）			
	$i\leqslant2\%$	$2\%<i\leqslant3\%$	$3\%<i\leqslant4\%$	$4\%<i\leqslant5\%$
150～200	60	60	55	55
100～150	45	45	45	40
50～100	30	30	30	25
25～50	20	20	20	15

9.5　不利天气条件下车速限制措施实施建议

为了保证雾天行车安全，建议驾驶员从以下几个方面采取相应的措施。

（1）开雾灯或近光灯，增加与来往车辆及行人相互间的能见度，必要时鸣喇叭。

（2）降低车速，使制动距离小于驾驶员的视距。

（3）增大车距，防止与前后车相撞。

（4）集中精力，平稳制动，防止侧滑。

（5）严格遵守行车路线，不准争道抢行。

（6）若雾太浓，则可开示廓灯和危险报警闪光灯靠边暂停，待雾散后再继续行驶。

（7）当遇到浓雾弥漫无法前进时（视线不到 3m），应停车避让，待雾气减退情况好转再走，视线在 30m 以内，时速不得超过 20km。

（8）行进中应开亮雾灯、近光灯及尾灯，遇到对方来车要先鸣笛，减速让道。

（9）不准逆道行驶，不准抢行，不准超越同方向正在行驶的车辆。

阴天时的交通环境比较特殊，为了降低阴天条件下的道路交通事故，建议从以下几个方面采取相应措施。

（1）降低车速，使制动距离小于驾驶员的视距。

（2）增大车距，防止与前后车相撞。

（3）严格遵守行车路线，不准争道抢行。

（4）尽量在车内放一些轻松的音乐，调整驾驶员心情。

雨中行车的安全隐患主要表现在：降雨对路面有影响，容易导致车辆侧滑和控制失灵。就全国而言，日总降雨量在 10mm 以上时发生车祸的概率开始增大。因为此时路面一般都有积水，使得摩擦力减小，制动距离增长，侧滑可能性增大，方向控制也容易失灵，一旦有险情，难以刹住车。另外，雨天能见度低，驾驶员视线容易受阻，给安全行车带来困难。毛毛雨时，空气水平能见度低。而狂风骤雨时，刮雨器常常不能刮尽玻璃上的雨水从而造成驾驶员视线模糊。刮雨器要经常检修，雨中行车更要精力集中，耐心避让，多鸣号、少超车。

为了降低雪天道路交通事故数，在雨雪结冰的路面上行驶更应谨慎，要注意低速缓行，车速平稳。不要猛打转向盘和急刹车，否则极易造成侧滑甚至翻车，有条件的要在轮胎上加装防滑链。如果发生打滑，可在轮前冰雪路上撒砂子，并结合差速器缓慢通过，通过后要及时分离差速器。冰雪地行车，由于长时间的强光线反射刺激，所以应戴有色眼镜，并间断地停车闭目休息或目视无积雪的地方，以解除雪光的刺激。

参 考 文 献

蔡桃庭, 卢冶, 2005. 汽车 ABS 试验道路研究[J]. 汽车科技, 5: 40-42.

KARKLE D E, RYS M J, RUSSELL E R, 2011. Centerline rumble strips: Study of external noise[J]. Journal of Transportation Engineering, 137(5): 311-318.

LAURINAVIČIUS A, SKERYS K, JASIŪNIENE V, et al., 2009.Analysis and evaluation of the effect of studded tyres on road pavement and environment（Ⅰ）[J]. Baltic Journal of Road and Bridge Engineering, 4(3): 115-122.

POLACH O, 2005.Creep forces in simulation of traction vehicles running on adhesion limit[J]. Wear, 258(7-8): 992-1000.

TREIBER M, KESTING A, HELBING D, 2007. Influence of reaction times and anticipation on stability of vehicular traffic flow[J]. Transportation Research Record, 1999: 23-29.

WANG Y G, CHEN K M, HU L W, 2012. Killer tailgating: recommendation of traveling intervals between consecutive motor vehicles for rear end collision avoidance[J]. Arabian Journal for Science and Engineering, 37(3): 619-630.

第10章 不利天气条件下山区高速公路路侧事故预警

本章通过提取路网事故现状分析、路网事故预测和路网事故成因等12项指标，构建了基于 AHP 的多层次模糊综合评价算法，通过应用 AHP 方法确定各指标的权重，应用了层次模糊综合评价法对事故预警级别进行评判，从而将定性指标与定量指标结合，实现了准则层和目标层的事故预警级别的判别。

10.1 不利天气条件下路侧事故监测网络布局

路网事故预警指标体系是构建预警系统的关键，是进行交通事故识别、诊断和预控等活动的前提。该体系要在吸收和归纳前面理论研究提出的指标基础上，尽可能地收集路网中交通事故的发生背景、发展过程与后果影响等信息，从而建立路网事故预警体系。

10.1.1 预警指标体系结构

根据理论研究成果，结合交通事故预警指标的需求和设计原则，将路网事故预警指标分为三个部分：一是路网事故分析指标，以现状采集的数据为主，建立在统计分析和计算方法的基础上，获得具体指标数值；二是路网事故预测指标，以预测的数据为主，建立在道路交通事故宏（微）观预测基础上；三是路网事故成因指标，以挖掘交通事故深层次致因为主，建立在人、车、路和环境等导致事故发生的因素基础上。

路网事故预警可以分为宏观和微观两个层面，宏观预警面向路网层面，为交通事故预防宏观决策提供依据；微观预警面向某条道路或路段，为事故预防微观决策和安全改善提供依据。预警指标体系由一级指标和二级指标构成，一级指标为对应理论分析的事故分析指标、事故预测指标和事故成因分析指标，每个一级指标又包含多个二级指标，如图 10-1 所示。

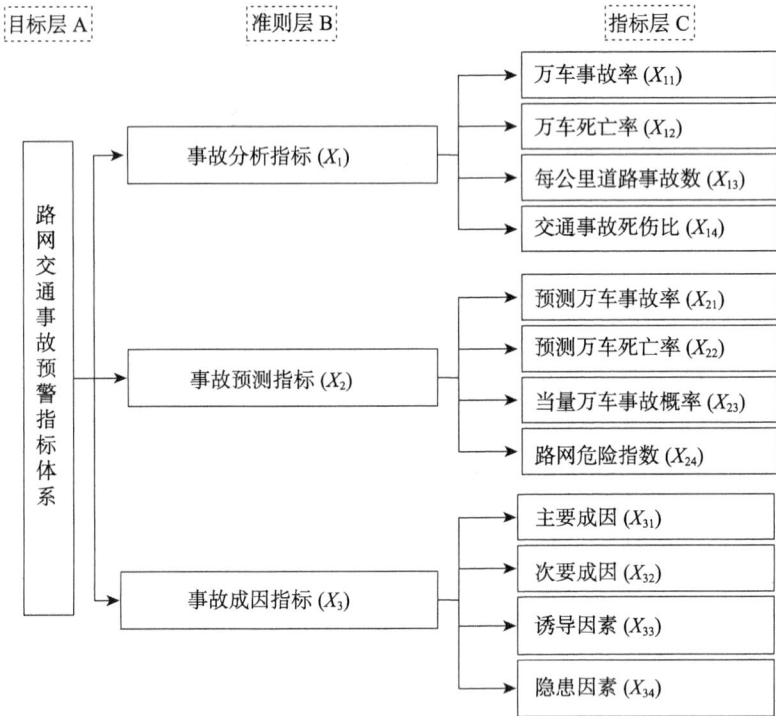

目标层 A　　　准则层 B　　　　　　　　指标层 C

路网交通事故预警指标体系

事故分析指标 (X_1)
- 万车事故率 (X_{11})
- 万车死亡率 (X_{12})
- 每公里道路事故数 (X_{13})
- 交通事故死伤比 (X_{14})

事故预测指标 (X_2)
- 预测万车事故率 (X_{21})
- 预测万车死亡率 (X_{22})
- 当量万车事故概率 (X_{23})
- 路网危险指数 (X_{24})

事故成因指标 (X_3)
- 主要成因 (X_{31})
- 次要成因 (X_{32})
- 诱导因素 (X_{33})
- 隐患因素 (X_{34})

图 10-1　路网事故预警指标体系结构

在路网事故现状分析指标中，X_{11} 定义为每万辆机动车（不包括自行车折算）的年交通事故（一般以上事故）次数，是衡量一定机动化水平下的交通安全管理水平的重要指标；X_{12} 定义为平均每万辆机动车（不包括自行车折算）的年交通事故死亡人数，是衡量一定机动化水平下的交通事故死亡情况的重要指标；X_{13} 以单位路段长度上的事故起数为计算指标，衡量道路上事故分布严重程度；X_{14} 定义为路网范围内全年交通事故死亡人数与受伤人数之比，是衡量交通安全管理水平的重要指标，上述指标均可由数据库中事故数据分析获得。

在路网事故预测指标中，X_{21} 和 X_{22} 的定义与前面相同，是由预测的交通事故数、事故死亡人数和交通需求量计算得到的；X_{23} 是衡量路段危险程度的一个微观预测指标，计算方法见前面章节内容，此处不再详述；X_{24} 是衡量路网危险程度的一个宏观指标，本书应用主成分分析方法构建该指标的方法进行计算（黄俊等，2004），计算方法和步骤此处不再介绍。在路网事故多发点成因指标中，$X_{31} \sim X_{34}$ 为对应路网或路段的第 I ~ IV 不同等级成因，包括道路条件、车辆条件、交通条件和环境条件等具体客观因素，属于定性指标。为了计算的方便，本书按照事故成因危险程度的大小，以 A~E 5 个等级来进行度量。

10.1.2　预警指标评价值域

对于上述路网事故预警指标体系中可量化的指标，给出其相应的值域等级区间；而对于不可量化指标，采用专家评分法进行模糊量化。根据路网事故预警指标的影响程度不同，按照路网危险程度大小，将其划分为五个等级，等级越大，路网就越危险。借鉴畅通工程评价标准和《城市道路交通管理评价指标体系（2008）》，各指标对应的阈值建议值见表 10-1，阈值间连续数值构成了各预警指标的评价值域。

表 10-1　路网事故预警指标值域建议值

事故预警指标	预警指标	代码	一级	二级	三级	四级	五级
事故分析指标	万车事故率/（次/万车）	X_{11}	30	80	120	160	200
	万车死亡率/（人/万车）	X_{12}	3	8	12	16	20
	每公里道路事故数/（次/公里）	X_{13}	0	1	2	3	5
	交通事故死伤比/%	X_{14}	9	15	20	25	30
事故预测指标	预测万车事故率/（次/万车）	X_{21}	30	80	120	160	200
	预测万车死亡率/（人/万车）	X_{22}	3	8	12	16	20
	当量万车事故概率/%	X_{24}	1	2	5	8	10
	路网危险指数	X_{23}	0.1	0.3	0.8	1.2	1.5
事故成因指标	主要成因	X_{31}	A	B	C	D	E
	次要成因	X_{32}	A	B	C	D	E
	诱导因素	X_{33}	A	B	C	D	E
	隐患因素	X_{34}	A	B	C	D	E

10.2　不利天气条件下路侧事故预警体系框架

事故预警分析可以划分为四个阶段：监测、识别、诊断和评价。监测是预警系统正常运转的前提，识别是关键环节，诊断和评价是技术性的分析过程。它们之间是前后有序、信息共享的因果关系（嵇方，2006）。

10.2.1　系统总体框架

根据事故预警的阶段，本书构建的事故预警系统由数据采集与查询子系统、数据分析与处理子系统、报警与调度子系统三部分构成，见图10-2。其中，数据采集子系统是监测的目的，数据分析与处理子系统是进行事故警报识别与诊断的手段，报警与调度子系统是进行事故诊断与评价的目标。考虑到人机交互的需要，增加数据查询子系统以进行相关信息的查询和预判。

10.2.2　数据采集与查询子系统

数据采集是为建立一个点、线、面相结合的道路交通紧急事件信息搜集网，及时发现紧急事件和加快信息的传递。数据来源于两方面：一是交警部门交通事故信息现场采集表，主要为与事故信息相关的历史数据资料；二是路政、交通部门监测信息和现场实测数据，可以分为静态数据和动态数据两类。

静态数据指一段时间内稳定不变的数据信息，如道路长度、宽度、路面结构等；动态数据是指时空上相对变化的数据信息，如道路交通流数据、交通事故数据、实时交通环境数据等。不同属性的数据获取方法不同，如表10-2所示。经前端收集的数据必须进行标准格式转换存入系统数据库，需在地图上显示的信息要进行地理编码（Lascu et al., 2012）。

通过基于地理信息系统（geographic information system，GIS）平台，数据查询子系统为用户提供了方便的查询功能，用户可根据不同需要进行空间分析查

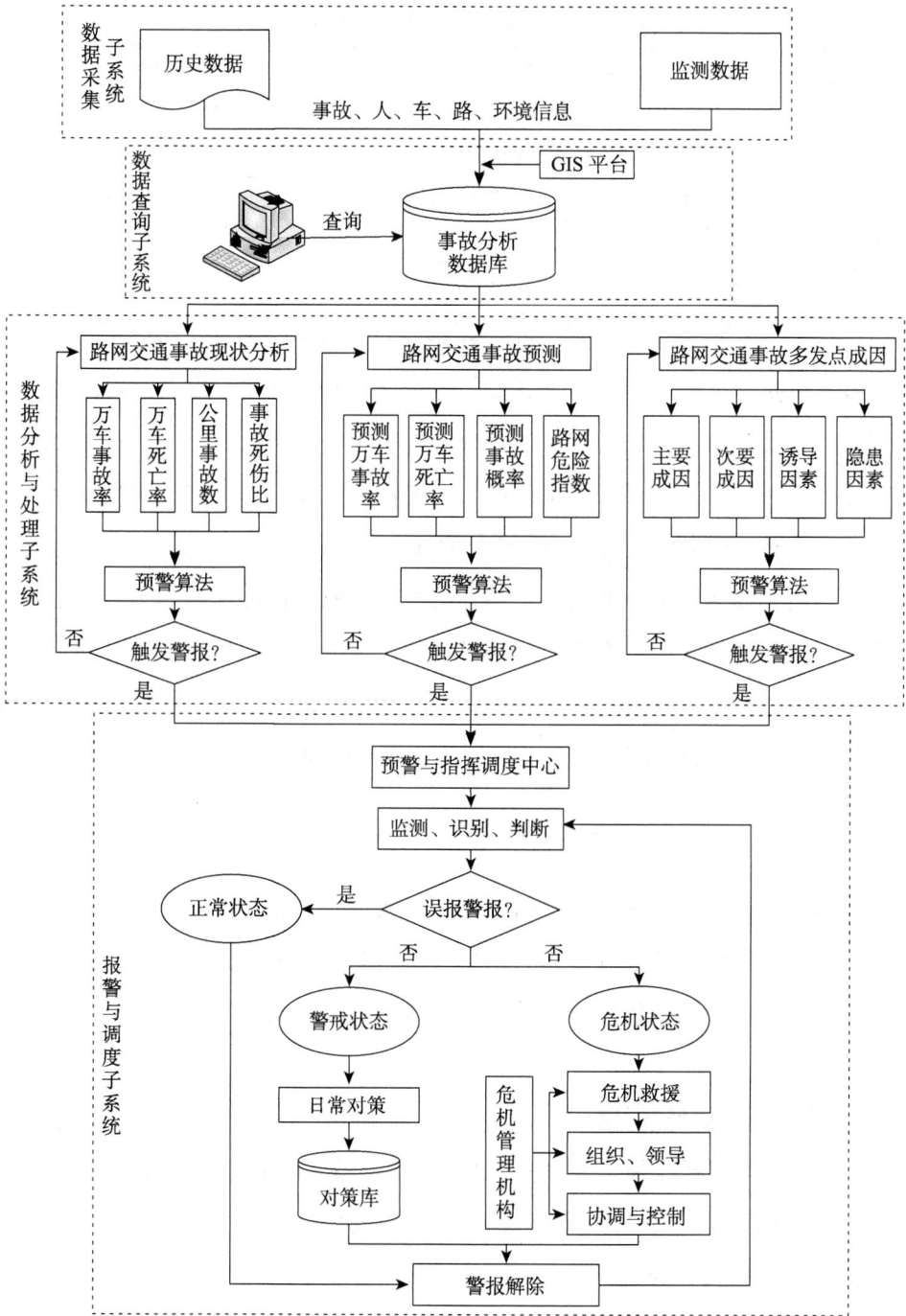

图 10-2　事故预警系统流程

表 10-2　交通监测数据分类及获取途径

数据分类		数据信息内容	数据获取方式
静态数据	道路数据 交叉口数据 道路设施	道路线形、道路构造、路面状况 类型、相交道路、信号配时、渠化 隔离带、信息板、标志标线	交通管理部门、路政、 市政设计单位、公安交警等
动态数据	交通流数据 交通状态数据 天气数据 车辆数据 道路维护信息	交通量、速度、密度 地点、时间、堵塞程度 天气恶劣程度、能见度 GPS 定位地点、车速 地点、时间、封闭信息	交通检测器 检测器、CCTV 监视器 气象传感器、FM 调频 GPS 导航系统 施工单位、路政部门

询和对属性数据的专题查询，以及图形–属性查询等。空间分析查询可以让用户直观地分析图形的拓扑结构和缓冲区分析等；属性数据查询使用户可通过不同的关键词（时间、地点等）调出属性数据进行统计分析等；图形属性查询将事故属性显示在地图上，使查询结果更加直观。

根据用户具体要求，可选择需要查询的具体地域目标。系统的电子地图分层保存在空间数据库中，查询的时候可以根据要求分层调用，使得查询结果清晰。不仅可查询事故预警信息，还可查询事故基础信息、事故专题图、事故多发点、事故预测结果、事故多发点成因等，流程见图 10-3。

10.2.3　数据分析与处理子系统

数据分析与处理子系统是根据获得的交通事故数据、交通流参数、天气参数、路况和道路维护情况等信息，依据合理的分析，采用预警算法判别事故预警级别，以及预警信息的内容、地点和发布方式等，是系统的核心，主要包括以下几个方面。

1）预警指标数据的分析

从路网事故分析指标、事故预测指标和事故成因指标三个方面，建立 12 项事故预警指标，通过提取数据库中的数据，结合前面理论模型与方法对预警指标数据进行计算和分析。

2）警报的触发与确认

采用预警算法判别事故预警级别，如果预警级别为准危机态或危机态，则触发警报，并生成不同等级的警报信息，见表 10-3。

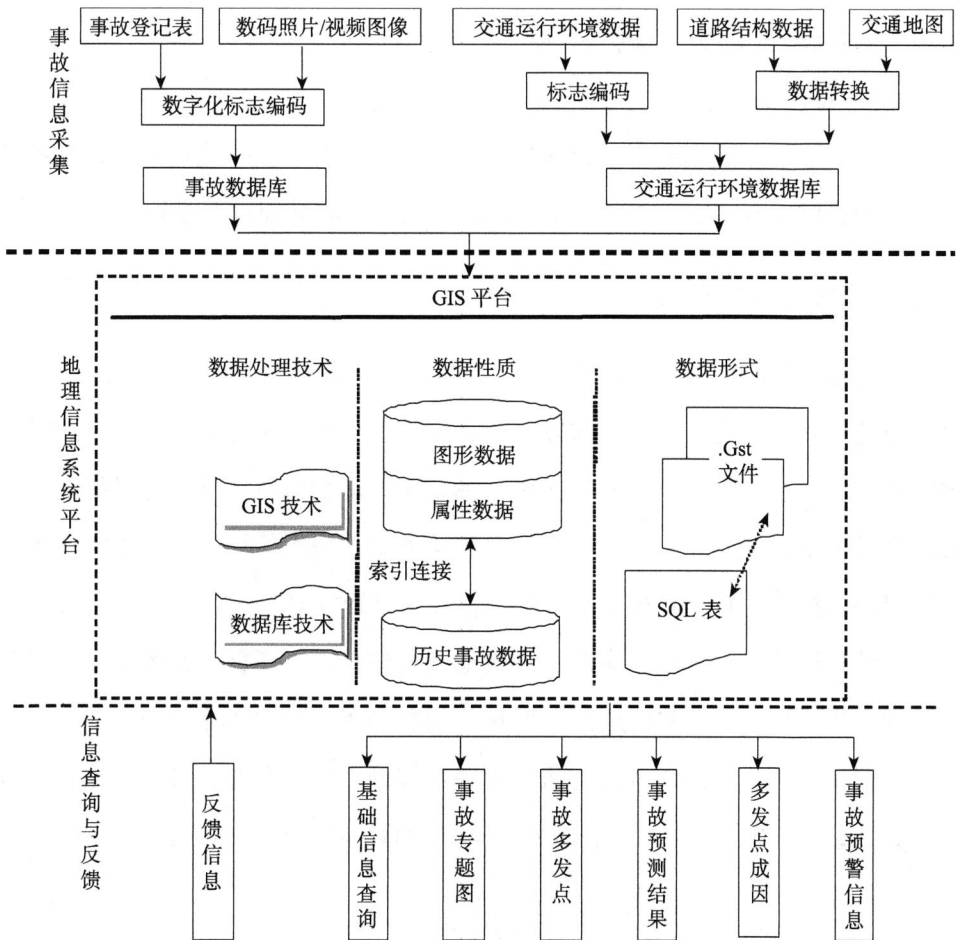

图 10-3　数据查询流程设计

表 10-3　三级报警制度的警报触发机理

警报级别	事故分析指标	事故预测指标	事故成因指标
一级警报	●	或●	或●
二级警报	●	●	
三级警报	●	●	●

其中，一级警报是指事故分析指标、事故预测指标、事故成因指标中有 1

项触发警报；二级警报是指其中 2 项触发警报；三级警报是指上述 3 项指标均触发警报。在触发警报的同时，辅以检测设备配合救援人员在第一时间对事故进行检测和确认，以确认警报信息的准确性。

3）预警信息存储

建立预警信息数据库，可以在遇到相似事件时完善预警处理措施，为各类紧急事件提供合理的借鉴，并为提高道路交通安全的管理水平服务。

10.2.4 报警与调度子系统

预警与指挥调度中心在经过监测、识别和判断流程后，确认监测指标正常、警戒或危机状态，进一步提出预控对策并实施。当诊断指标处于正常状态时，继续监测，不介入预控管理；当诊断指标处于警戒状态时，预警与指挥调度中心根据具体情况提出预控对策方案，并将该方案上报决策层，再由决策层下达各职能部门执行，直至系统恢复正常，将日常对策方案输入对策库。

当诊断指标显示危机状态时，进入危机救援管理，预警与指挥调度中心负责成立危机领导小组，实施危机对策方案（图 10-4）。此时的危机领导小组，全面负责危机状态下的组织管理，协调相关部门调集救援资源，采取联动紧急救援行为，直至危机化解，系统恢复正常运转，然后将危机对策方案输入对策库。

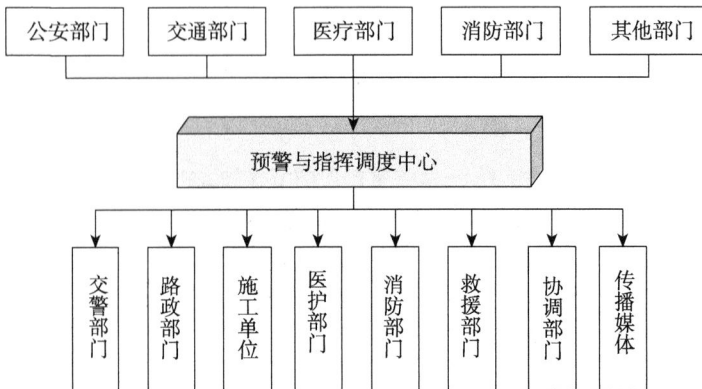

图 10-4 紧急事件危机救援组织结构

10.3　不利天气条件下路侧事故预警案例

通过对路网事故预警指标体系的总体综合评价，可以将不同时间内运行安全状态的结果转化为预警信号输出图，来反映当时的安全状况和未来发展趋势。下面以江西省干线公路网为例，对路网事故预警系统进行案例分析。

10.3.1　数据的采集与处理

结合前面事故理论分析结果，现针对江西省干线公路网收集的事故数据资料，进行交通事故预警指标数据的采集。下面分别从宏观和微观两方面分析预警系统的应用效果，宏观方面以全省的干线公路网为研究对象，数据来源为 2007 年的事故数据；微观方面以 301 国道 K621～K747 段为研究对象，数据来源为 2002 年的事故数据。汇总后的事故预警指标数据见表 10-4。

表 10-4　事故预警指标数据采集

事故预警指标	预警指标	代码	干线公路网	301 国道
事故分析指标	万车事故率/（次/万车）	X_{11}	54.34	295
	万车死亡率/（人/万车）	X_{12}	15.42	50
	每公里道路事故数/（次/公里）	X_{13}	0.05	0.47
	交通事故死伤比/%	X_{14}	25.52	27.78
事故预测指标	预测万车事故率/（次/万车）	X_{21}	80.13	140
	预测万车死亡率/（人/万车）	X_{22}	15.52	46.67
	当量万车事故概率/%	X_{23}		1.61
	路网危险指数	X_{24}	0.350	
事故成因指标	主要成因	X_{31}	超速行驶	超速行驶
	次要成因	X_{32}	未保持安全车距	措施不当
	诱导因素	X_{33}	中等交通量	疲劳驾驶
	隐患因素	X_{34}	能见度低的天气	制动不良

在数据采集的基础上，首先应用 AHP 方法确定各指标的权重，然后应用模糊评价法评判事故预警级别，最后获得路网最终事故预警等级。下面以省域干线公路网为例，给出事故处理的步骤和结果。

1. 指标权重的计算

邀请专家对各级评价中各个因素的重要程度进行两两比较，比较的结果用于建立 AHP 的判断矩阵分布权重。为了得到量化的判断矩阵，采用 1～9 的标度法，按照上述步骤，依次计算判断矩阵 B 相对于判断矩阵 A 的指标权重及判断矩阵 C 相对于判断矩阵 B 的指标权重，并进行一致性检验，将结果汇总于表 10-5 中。

表 10-5　指标权重及一致性检验

判断矩阵	归一化指标权重	λ_{max}	CI	RI	CR	一致性检验
A-B	W={0.731, 0.188, 0.081}	3.065	0.032	0.580	0.055	通过
B_1-C	W_1={0.488, 0.089, 0.248, 0.175}	4.107	0.036	0.900	0.040	通过
B_2-C	W_2={0.648, 0.122, 0.230}	3.004	0.002	0.580	0.003	通过
B_3-C	W_3={0.471, 0.253, 0.179, 0.096}	4.123	0.041	0.900	0.046	通过

2. 隶属度矩阵的确定

对于定性指标，隶属度由专家打分法确定。例如，邀请 20 位专家对 X_{31} "超速行驶"事故多发点成因进行等级评判，9 位专家认为"E"等级，5 位专家认为"D"等级，4 位专家认为"C"等级，2 位专家认为"B"等级，0 位专家认为"A"等级，则汇总得到的 X_{31} 的隶属度矩阵为[0, 0.10, 0.20, 0.25, 0.45]。

对于定量指标，隶属度由半梯形函数计算获得，以 X_{11} 定量指标为例，则 x_i=54.34，v_1=30，v_2=80，v_3=120，v_4=160，v_5=200，计算如下：

$$r_1 = \frac{v_2 - x_i}{v_2 - v_1} = \frac{80 - 54.34}{80 - 30} \approx 0.51 \quad （v_1 < x_i < v_2）$$

$$r_2 = 1 - r_1 = 1 - 0.51 = 0.49 \quad （v_1 < x_i < v_2）$$

$$r_3 = 0 \quad r_4 = 0 \quad r_5 = 0 \quad （x_i < v_2 < v_3 < v_4）$$

由上述结果可知，X_{11} 的隶属度矩阵为[0.51, 0.49, 0, 0, 0]。

按照上述步骤分别计算其他指标的隶属度，最终将隶属度汇总得到隶属度矩阵，见表 10-6。

3. 模糊综合评判

首先分别对事故分析指标（X_1）、事故预测指标（X_2）和事故成因指标（X_3）进行第一层的模糊综合评价，权重及隶属度矩阵见表 10-5 和表 10-6。在此基础上，应用评价后的结果作为评价矩阵，对事故预警指标进行综合评价，结果见表 10-7。

表 10-6　评价指标的隶属度矩阵

事故预警指标	预警指标	代码	一级	二级	三级	四级	五级
事故分析指标	万车事故率/（次/万车）	X_{11}	0.513	0.487	0	0	0
	万车死亡率/（人/万车）	X_{12}	0	0	0.145	0.855	0
	每公里道路事故数/（次/公里）	X_{13}	0.950	0.050	0	0	0
	交通事故死伤比/%	X_{14}	0	0	0	0.896	0.104
事故预测指标	预测万车事故率/（次/万车）	X_{21}	0	0.997	0.003	0	0
	预测万车死亡率/（人/万车）	X_{22}	0	0	0.120	0.880	0
	路网危险指数	X_{23}	0	0.900	0.100	0	0
事故成因指标	主要成因	X_{31}	0	0.100	0.200	0.250	0.450
	次要成因	X_{32}	0	0.050	0.100	0.350	0.500
	诱导因素	X_{33}	0.100	0.150	0.250	0.300	0.200
	隐患因素	X_{34}	0	0.050	0.050	0.300	0.600

表 10-7　干线公路网模糊综合评价结果

事故预警指标	评价等级				
	一级	二级	三级	四级	五级
事故分析指标（X_1）	**0.486**	0.250	0.013	0.233	0.018
事故预测指标（X_2）	0	**0.853**	0.040	0.107	0
事故成因指标（X_3）	0.018	0.092	0.169	0.289	**0.432**
综合评价结果	**0.357**	0.350	0.031	0.214	0.048

注：黑体表示指标所对应的评价等级数据，以下同。

按照最大隶属度原则，X_1 为第一级水平，X_2 为第二级水平，X_3 为第五级水平，综合评价结果为第一级水平。即江西省干线公路网整体上处于安全态，但是事故成因需要引起关注。

事故微观预警分析方法与上面的步骤相同，模糊综合评价结果见表 10-8。

表 10-8　301 国道模糊综合评价结果

事故预警指标	评价等级				
	一级	二级	三级	四级	五级
事故分析指标（X_1）	0.131	0.117	0	0.078	**0.674**
事故预测指标（X_2）	0.089	0.141	0.323	**0.325**	0.122
事故成因指标（X_3）	0.018	0.092	0.197	0.294	**0.399**
综合评价结果	0.114	0.120	0.076	0.142	**0.548**

由表中的结果可知，X_1 为第五级水平，X_2 为第四级水平，X_3 为第五级水平，综合评价结果为第五级水平。即 301 国道整体上处于危机状态，需要引起重视。

10.3.2　预警信号的生成与发布

在获得路网事故的评价等级后，就可以确定事故预警级别，结合前面预警系统的设计，分别给出事故分析指标、事故预测指标和事故成因指标的预警级别和信号。在此基础上，给出基于上述 3 项指标的综合事故预警的级别和信号，见表 10-9。

表 10-9　事故预警级别和信号

	预警指标	预警等级	预警信号	综合预警级别	综合预警信号
干线公路网	事故分析指标	安全态	○		
	事故预测指标	准安全态	◐	安全态	○
	事故成因指标	危机态	●		
301 国道	事故分析指标	危机态	●		
	事故预测指标	准危机态	◐	危机态	●
	事故成因指标	危机态	●		

由表 10-9 的结果可知，通过事故预警指标的分析，干线公路网触发一级警报，对事故多发点成因指标方面进行报警，但路网整体水平处于安全状态，需要在事故多发点成因方面进行诊断，及早提出危机预案；301 国道的各项指标均触发警报，而且 301 国道整体上处于危机状态，在各项预警指标方面均亟待改善。

将上述结果与 GIS 地图结合，可以将预警信息实时发布给交通参与者，通过"预警与指挥调度中心→各路段监控中心→外场发布设备"三层机构，将预警信息通过可变信息标志、网络、广播等方式发布出去，以警告和提醒路过者。

10.3.3　预警危机的管理策略

当综合预警级别不高，路网事故只是局部报警的情况下（省域干线公路网案例），这样因交通事故造成的后果一般不会波及局部或整个路网，其危机应对方案也相对简单一些，不涉及路网内其他路段，只是针对有问题的指标进行改善。

如果综合预警级别很高，则整个路网多项指标处于危机状态（301 国道案例），在路网内产生了较为严重的后果，路网内的交通流必须重新分配以减少事故可能后果（朱军功，2006），并制定路网事故危机应对方案。

下面针对 301 国道的预警危机给出其应对方案和流程（张殿业，2005），如图 10-5 所示。

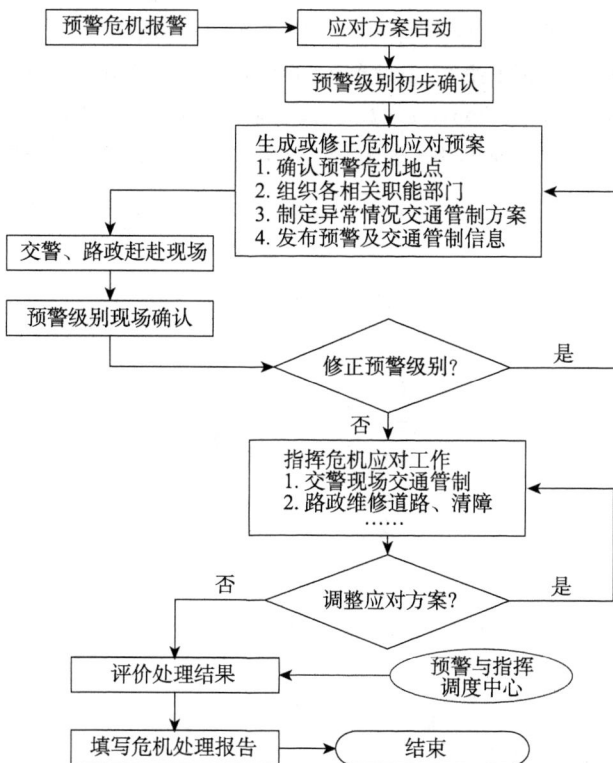

图 10-5　预警危机应对的工作流程

　　首先在路网预警与指挥调度中心领导下，有效整合 301 国道的交警大队、路政管理处的应急资源及其他相关力量、社会公共资源，建立 301 国道全路范围内应急处置的指挥平台。然后，对确认的危机，由路网预警与指挥调度中心根据危机的性质，启动相应的应急联动机制，负责第一时间调集交警、医疗救护、消防、环卫、路政等相关职能部门，迅速到达预警地点进行危机应急处理；现场处理部门将路网状态及时反馈给指挥中心，以便指挥中心能够及时修正危机应对方案。最后，在危机处理完毕后，指挥中心下达结束命令，道路交通恢复正常，指挥中心记录详细的危机处理报告，分析评价处理结果。

参 考 文 献

黄俊，方守恩，白玉琼，2004. 路网安全评价指数构建新方法[J]. 华东公路, (1): 94-96.

稽方，2006. 会展活动安全事故成因分析及预警模型研究[D]. 上海: 同济大学硕士学位论文.

张殿业，2005. 道路交通事故与黑点分析[M]. 北京: 人民交通出版社.

朱军功，2006. 高速公路路网事件的信息发布及救援策略研究[D]. 南京: 东南大学硕士学位论文.

LASCU I, NEGRUS E, 2012. Towards a strategic analysis system of the black spots in the road traffic[J]. UPB Scientific Bulletin, Series D: Mechanical Engineering, 74(2): 79-92.

第11章　不利天气条件下山区高速公路路侧事故应急技术

高速公路交通事故应急救援体系的总体目标就是及时收集发生交通事故的信息，协调各相关机构迅速采取紧急救援行动，并最大限度地降低交通事故所造成的人员伤亡和财产损失，并尽快恢复高速公路的通行能力，并减少异常交通状态下高速公路的流入交通需求（白玉凤等，2008）。

由于我国道路交通事故紧急救护水平比较低，交通事故重伤者得到救护约在事故发生后 1h 左右，有的甚至超过 2h。由此可见，若存在一个完备的交通事故紧急救援系统，则实施有效的交通事故紧急救援不仅可以大量减少死亡人数，还可以减轻交通事故受伤者的肉体和精神痛苦，降低伤残人数和伤残等级，减少二次事故的发生，降低交通事故财物损失，减少因交通事故造成交通拥堵、交通延误，确保交通安全、畅通，提高交通运输效率，降低交通事故的间接经济损失等。这不仅为我国挽救了大量的人力资源，也为社会节约了大量物质财富，对我国现代化建设是非常有意义的。

11.1　不利天气条件下路侧事故应急管理联动机制

在不利天气条件下发生交通事故和拥挤时，高速公路应急救援涉及多个部门，如交通、公安、消防、医疗和专家等部门，它们在事件处理过程中分别充当不同的角色，发挥和承担着各自的作用与职责（裴玉龙等，2003）。

1. 交通部门

交通部门的职责决定了其功能是对事件处理过程进行总体计划和实施，其在事件处理过程中的职责包括以下几个方面。

（1）事件的检测与识别。

（2）对受到事件影响的道路实施交通管理。

（3）在救助到来之前提供初步的紧急医疗。

（4）协助驾驶员处理报废车辆。

（5）提供驾驶员信息。

（6）交通控制。

（7）确定事件清理和道路修复需求。

（8）协调清理活动及修复道路交通设施。

（9）开辟和运作替换道路。

（10）充当事件清理和道路修复的负责人。

2. 交警部门

作为应急救援指挥工作的执法部门，高速公路交通警察部门在事件处理过程中的作用和职责如下。

（1）事件的辅助检测。

（2）保证事件现场的安全。

（3）帮助陷于困境中的驾驶员。

（4）在救援到来前提供紧急医疗服务。

（5）指挥交通。

（6）执行事故调查。

（7）承担事件指挥任务。

（8）保障人员和财产安全。

（9）监督现场的清理活动。

3. 救护部门

一般指医院或急救中心，其主要职责是负责事件受害者的救治。它在事件管理中的职责和作用包括以下几个方面。

（1）提供紧急医疗救助。

（2）确定受伤者运送目的地和要求。

（3）为医疗中心提供大致的受伤原因。

（4）充当事件的医疗负责人。

4. 消防部门

消防和救援服务由地方消防部门提供，或者通过互助协议由附近的消防部门提供，其典型作用与职责包括以下几个方面。

（1）保护事件现场。

（2）在警察和路政人员到达现场前进行交通管理。

（3）提供紧急医疗。

（4）对危险品采取初步的响应和遏制措施。

（5）抑制火灾。

（6）救助事件受害者。

（7）安排运送受伤者。

（8）承担事件指挥任务。

（9）帮助清理事件现场。

5. 特种物品处理部门

特种物品处理部门的主要任务是清理事故现场致命的气体、液体或化学物品，以保障其他救援单位在救援行动中的生命安全。他们一般和交通或紧急救援部门达成协议，在发生涉及危险品事件时提供服务。

6. 拖拽服务提供者

拖拽与恢复服务提供者的职责是把事件现场受损或者报废的车辆、残存的垃圾等清除，其典型职责如下。

（1）从事件现场清除抛锚或肇事车辆。

（2）保护肇事人员的财产和车辆。

（3）清除道路上的垃圾。

（4）作为事件恢复活动的指挥者。

在此救援系统中各部门不同时刻所应采取的措施行动如图 11-1 所示，其中横行表示救援系统各部门，竖列表示救援系统各部门在此时刻所应采取的救援行动（Krammes，1997）。

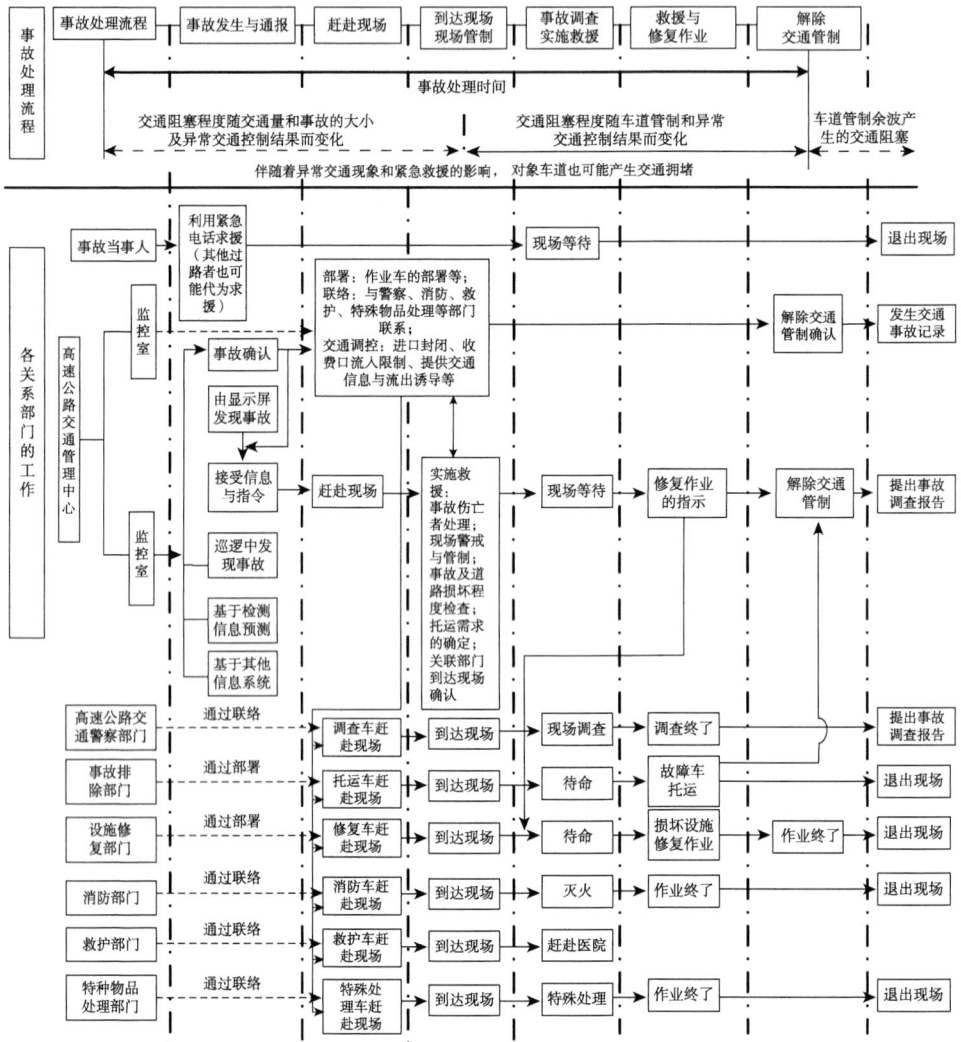

图 11-1　路侧事故应急管理流程图

11.2　不利天气条件下路侧事故应急管理预案

为提高高速公路在恶劣天气条件下的通行能力，最大限度地调动各个单位和相关部门的保通工作积极性，充分发挥高速公路良好的社会效益和经济效益，要求高速公路运营公司制定冬季恶劣气候条件下联合保通实施方案、交通管制预案、风险事故应急预案（裴玉龙，2009）。

1. 工作原则和保通目标

坚持顾全大局、各司其职、沟通协调、安全畅通的原则，路政、交警、征收、养护、交通工程等多部门密切配合，采取联合巡逻等方式，保障高速公路恶劣天气条件下的安全畅通，实现低事故率、低封闭率的总体保通目标。

2. 组织领导、职责分工

由公司领导、路政大队及各支队管理人员组成应急预案领导小组。高速公路交警和各路政支队建立联合巡逻制度，共同负责恶劣天气条件下的路况巡查、交通事故现场的前期处置、分流点的执勤、路况信息的收集工作。值班室在得到恶劣天气预报后，立即通知各路政大队、养护部门、收费站，做好各项准备工作。各收费站负责高速公路在恶劣天气条件下封闭信息的公告，由交警、路政部门配合做好站区分流疏导工作。利用电子显示屏及时、准确发布路况信息、关闭和开通信息。养护部门及时联系养护公司负责雪天路面的防冻、撒盐、除雪、除冰工作。

3. 关闭高速公路的程序

（1）遇到下列情形之一，不具备通行条件时，可以关闭高速公路：①雪、雾天或高速公路路面结冰影响安全通行时；②发生交通事故影响交通安全时；③高速公路实施大规模施工作业时；④恶劣天气造成高速公路水毁、沉陷、塌方和其他情况影响正常通行时；⑤由群体事件等人为因素造成高速公路严重交通拥堵或断行时；⑥因其他原因造成高速公路严重交通拥堵、断行或影响车辆安全通行时。

（2）交警、路政联合巡逻人员发现高速公路需要关闭的情形时，应立即逐级上报交警和路政部门值班室。

（3）值班室接到有关需要关闭高速公路的信息后，应及时了解有关情况，确实需要关闭高速公路时，由交警、路政部门协商关闭高速公路，并向各单位下达关闭指令。在下达关闭指令后及时通过新闻媒体向社会发布。

（4）各收费站接到关闭指令后，应关闭车道，在进入高速公路入口向司乘人员发布关闭信息。提示其选择其他行驶路线，并利用可变信息板向车辆发布高速公路关闭信息，提示车辆驶离高速公路。

（5）开通高速公路参照关闭程序进行。

4. 联合保通措施

1）加强值班制度

各单位在雨、雪、雾等恶劣天气下必须加强值班室管理，严格落实 24h 值班制度和主要领导负责值班制度。要保持通信畅通，带班领导必须保持 24h 通信联络，路况信息反馈必须及时准确，做到正常情况下每隔 1h 向监控中心汇报，特殊情况下及时汇报。

2）严格执行恶劣天气备勤制度

各路政大队在恶劣气候条件下，做到一线之后路政人员实行全员备勤、住队管理。与此同时，对路况实行间断巡逻，随时监控路况变化情况，并通过媒体发布恶劣天气条件下的路况信息。

5. 雾天情况下的保通预案

1）高速公路能见度在 200～500m 时

值班室在接到巡逻人员提供的路况信息后，将信息迅速传达至各收费站，各收费站应在显著位置发布公告，告知司乘人员因雾限速每小时 80km 行驶。

同时，利用电子显示屏不断向车辆提供路况和交通管制信息。交警、路政人员应派出两辆巡逻车，实行双向不间断巡逻，路政人员配合交警随时纠正超速行驶、停车等违章现象，清除易发事故隐患。当高速公路出现交通事故时，路政人员应积极配合交警对事故现场实行交通管制，增设各种指示标志或警示标志，加大加长安全区的设置，防止二次或连续事故的发生。

2）高速公路能见度为 100～200m，已经影响交通时

（1）值班室接到路况信息后，值班室在接到巡逻人员提供的路况信息后，将信息迅速传达至各收费站，各收费站应在显著位置发布公告，告知司乘人员因雾限速 60km/h 行驶。

（2）各收费站设立外勤岗，必须提醒驾驶员开启雾灯、示廓灯、前后位灯；采取间断放行，一般每通过 30 辆车后，间断 5min 再放行的原则。

（3）交警、路政应派出两辆巡逻车实行双向不间断巡逻，并利用喊话器提醒车辆保持车距、车速、并及时处置超速、停车等违法行为。

（4）当高速公路出现交通事故时，路政人员应积极配合交警对事故现场实行交通管制，增设各种指示标志或警示标志，加大加长安全区的设置。

3）高速公路能见度为 50～100m 时

（1）值班室在接到巡逻人员提供的路况信息后，将信息迅速传达至各收费站，各收费站应在显著位置发布公告，告知司乘人员因雾限速 40km/h 行驶。

（2）各收费站设立外勤岗，必须提醒驾驶员开启雾灯、示廓灯、前后位灯；采取间断放行，一般每通过 30 辆车后，间断 5min 再放行的原则。

（3）交警、路政应派出两辆巡逻车实行双向不间断巡逻，并利用喊话器提醒车辆保持车距、车速、并及时处置超速、停车等违法行为。对暂时不能行驶的故障车辆一律拖走，不能拖离的做好安全防护措施。

（4）对车流量较大的收费站派出巡逻车和人员，协助收费站维持站区秩序，利用扩音装置向司乘人员提供路况信息，提示行车注意事项。

（5）对中断交通的施工作业进行交通管制，必须把施工人员、车辆、设备

撤离作业区，加强管理。

（6）当高速公路出现交通事故时，路政人员应积极配合交警对事故现场实行交通管制，增设各种指示标志或警示标志，加大加长安全区的设置。

（7）对已影响通行的交通事故，联合巡逻人员可酌情实施分流，并对事故现场进行快速清理，待事故清理完毕后，再实行间断放行。

4）高速公路能见度在 50m 以内时

（1）巡逻车发现能见度低于 50m 时，立即报告路政值班室交警。路政大队接到路况信息报告后，应立即向省路警指挥中心报告，由省路警指挥中心协商后并向各单位下达封闭指令，特殊的情况下可以封闭的同时报告。

（2）路政大队应迅速把封闭信息传达至各收费站，各收费站在接到封闭指令时应关闭车道，在进入高速公路匝道前向司乘人员发布高速公路封闭通知，提示车辆选择其他行驶路线。

（3）各收费站在高速公路封闭后，应预留紧急通道，保证救援车辆、特勤车辆等必须通行的高速公路车辆的通行需求。

（4）交警、路政大队应向流量较大的收费站派出巡逻车和人员，协助收费站维持站区秩序，利用扩音装置向司乘人员发布路况信息和封道指令。

（5）交警、路政大队应对封闭路段实行双向不间断联合巡逻，及时向值班室汇报路况信息。交警、路政大队在封闭路段两端实施主线分流，全部车辆就近引出高速公路。

（6）对高速公路封闭后滞留在高速公路上的行驶车辆，交警和路政人员应引导就近停车，或到服务区停车，并封闭服务区出口，在接到开通通知后实施放行。

6. 冰雪天气的保通

（1）在下雪前，路政大队要协调养护部门提前对桥面、坡道等易形成冰面的部位做好除雪、除冰准备。在雪天，但气温较高，未出现积雪、结冰状况，不影响高速公路正常通行时，做好如下保通工作。

①交警、路政大队应对封闭路段实行双向不间断联合巡逻，及时向值班室汇报路况信息，重点查看桥面、坡段的路面状况，及时向上级汇报路况。

②当路面上出现交通事故时，交警、路政人员应对事故现场采取警戒措施，视情况延长警戒区并增设各种指示标志和警示灯具，防止连锁事故发生。

③大队值班室、高速交警值班室应及时向养护科、各收费站、交通运营中心、高速交警大队执勤民警通报路况。养护部门应组织人员，做好设备、材料的准备工作，各收费站应向通行车辆发布雪天限速行驶通告。收费人员在向司乘人员发放通行卡时，应告知其限速行驶，注意安全。交通运营维护中心应按照高速交警的要求，利用区域及区域两端可变情况信息板，向通行车辆传递路况信息、发布限速警告指令。

（2）雪天，出现少量积雪，气温较低，桥面、坡面、山区等路段出现积雪、结冰迹象，已部分影响正常通行时，做好如下保通工作。

①各大队值班室、高速交警值班室在接到联合巡逻车路况通报后应立即将路况信息通报高速交警大队及路政值班领导、路政大队、养护部门。组织各养护工区对桥面、坡道或积雪路段实施撒盐、撒融雪剂、撒除冰剂等除雪、除冰措施，保证该路段能够限速通行。

②大队值班室将路况信息及时通报各收费站、交通运营维护中心，由各收费站向通行车辆发布危险路段信息，提示其限速行驶。收费员在发放通行卡时，应告知司乘人员限速行驶，注意安全。交通运营维护中心应按照高速交警及路政部门的要求，利用可变信息情况板，向通行车辆发布路况信息和限速警告指令。

11.3　不利天气条件下路侧事故应急管理案例

11.3.1　泰赣高速应用案例

大广高速（G45）江西省境内泰赣段（简称泰赣高速），在大广高速公路3029km +748m（东线）处发生一起交通事故，事故原因为低能见度气象条件下在高速公路上不按规定行驶。事故造成 1 人重伤，3 人轻伤，直接经济损失达 5 万元。

11.3.2 不利天气条件下事故应急管理

高速公路的事故应急管理在不利天气条件下关注以下两方面：①及时发现，即当恶劣天气发生时交通管理部门可以及时发现，并做出相应反应；②严重程度，即对恶劣天气对交通运营的影响程度有一个判别，并以此做出相应预警管理措施。

不利天气条件下高速公路管理者对于道路使用者的主要职能有如下两个方面。

（1）道路交通流组织。当道路交通流出现阻塞状态时，道路管理者要通过相应的手段进行疏通，如信号控制、交警指挥、诱导交通等措施。

（2）道路清理。道路管理者要对灾害天气及时处治，以减轻恶劣天气对道路影响的程度，如雪天撒化雪剂、机械除冰等。

1. 不良天气条件下高速公路交通组织策略

当出现恶劣天气时，高速公路管理者为确保交通安全与畅通，需要实行相应的管理控制策略。这些管理控制策略以预案或应对方案的形式体现。实施管理控制策略时，对应于不同的天气及其影响程度。

1）事故处理策略

高速公路事故处理策略是指利用高速公路管理条件以及相关的救援资源来缓解恶劣天气给交通安全带来的影响。处治策略主要涉及高速公路管理部门对内对外的协调。对于交通管理部门而言，其处治策略的主要职责为当恶劣天气发生时对相关部门提出预警信息，如遇到交通事故发生时应及时协调组织相关部门的救援。

2）控制策略

高速公路控制策略的目的主要是在恶劣天气条件下对高速公路上车流的行驶速度以及运行状态进行控制。控制策略的具体实施方法包括通过限速标志或可变情报板发布实时的限速信息；特殊路段可设立临时限速提醒标志；通过警示灯或交通广播发布警示信息；发生极端恶劣的天气时，道路管理者可以利用临时诱导标志诱导车流或关闭危险的路段。

2. 不良天气条件下高速公路事故处理措施

（1）当出现异常状况时，调度指挥中心要向路政、养护及相应的收费站通报出现异常情况的道路路况，通过可变信息板发布相关信息，通过可变限速标志提示驾驶员限速行驶，并向交警请求协助维持正常的交通秩序。

（2）交警接警后，立刻组织人员、车辆赶往现场维持交通秩序。

（3）路政大队接警后，立即安排车辆、人员上路巡查，在情况异常路段增加巡逻次数。途中将视距、雾情、车流量、障碍物等信息及时报告调度指挥中心，并用车载广播提醒驾驶员注意安全，限速行驶，禁止随便停车。对故障车辆及时清障，如有伤员，应及时救护。

（4）养护人员应采取相应措施确保路面路况良好，并在异常情况路段区域内每隔 2km 设立警示牌或临时限速标志。

（5）收费站应在入口处设立提示驾驶员安全驾驶的安全牌，向驾驶员通报所经路段的情况。当需封闭单车道时，应在情况异常路段前方 1km 被封闭车道上设立安全标志和限速标志，并在与被封车道相邻车道的交界处，每间隔 20m 放置锥形标。封闭单车道时，需在被封车道前 1km 处增设频闪灯或其他安全警示灯。

参 考 文 献

白玉凤, 宋扬, 2008. 山区公路路侧安全性研究及对策[J]. 黑龙江交通科技, 1: 42-45.

裴玉龙, 2009. 道路交通安全[M]. 北京: 人民交通出版社.

裴玉龙, 马骥, 2003. 道路交通事故道路条件成因分析及预防对策研究[J]. 中国公路学报, 16(4): 77-82.

唐国利, 刘澜, 2005. 山区公路事故多发段道路条件分析与防治对策[J]. 交通科技与经济, 4: 55-57.

KRAMMES R A, 1997. Interactive Freeway Safety Design Model: Design Consistency Module[J].
　　Public Roads, 77(5): 12-17.